Albert Fries

Maria — unser Weg zu Jesus

Maria —
unser Weg zu Jesus

Texte des
heiligen Albertus Magnus
über die Gottesmutter

Ausgewählt und aus dem Lateinischen übersetzt

von

Albert Fries

Herausgegeben vom
Institutum Marianum Regensburg e. V.

EOS VERLAG ERZABTEI ST. OTTILIEN

CIP-Titelaufnahme der Deutschen Bibliothek

Albertus ‹Magnus›:
Maria – unser Weg zu Jesus: Texte des heiligen Albertus Magnus über die Gottesmutter / ausgew. u. aus d. Lat. übers. von Albert Fries. Hrsg. vom Inst. Marianum Regensburg e.V. – St. Ottilien: EOS Verlag, 1989
ISBN 3-88096-741-5
NE: Fries, Albert [Hrsg.]

Titelbild: Madonna mit Christus. 2. Hälfte des 13. Jh.
Kathedrale von Hvar.

© EOS Verlag Erzabtei St. Ottilien — 1989
Gesamtherstellung: EOS Druck, D-8917 St. Ottilien
Schrift: 10/12 Palacio

Inhaltsverzeichnis

Vorbemerkungen 6

Albertus-Texte 10

   I. Die »Verkündigung des Erlösers« 15

  II. »Früher geheiligt als geboren« 28

 III. Im Leben bewährt 42

 IV. Geboren von der Jungfrau Maria 58

   V. Gottesmutter 87

 VI. Hochbegnadet 94

VII. Dem Willen Gottes gehorsam 102

VIII. Leidensfähigkeit und Sterblichkeit 109

 IX. Mitverherrlicht 115

  X. Mütterliche Helferin zum Heil 124

 XI. Hauptquelle für das Kindheitsevangelium
     (Lk Kap. 1—2) 145

 XII. Bild der Kirche 151

XIII. »Segensreiches Andenken« 164

Vorbemerkungen

I. Überblick

Angeboten wird hier für einen größeren Leserkreis eine kurze Sammlung von ausgewählten Texten des Albertus Magnus (kurz vor 1200 bis 1280) über die Gottesmutter, also ein Albertus-Brevier.
Der Titel »Weg zu Jesus« geht auf einen bildlichen Ausdruck des Albertus zurück. In einer Analyse schreibt er: »Mittler sein« und »vermitteln« sind zwei verschiedene Wirklichkeiten. *Mittler* ist allein der Mensch Christus Jesus. Der Mutter Jesu ist es von Gott gegeben, durch das Beispiel ihres geheiligten Lebens und ihre mütterliche Fürbitte *Weg* zu sein, auf dem man zu Jesus geht: »Gratia viae, qua itur ad Iesum«. — Texte Nr. 66 und 161 zusammen mit Nr. 148—150.
Was Albertus, Zeugnis gebend, über Maria geschrieben hat, ist — im Unterschied von moderner Mariologie — nicht als geschlossenes Ganzes, nach methodischem Plan, zusammengestellt. Hinterlassen aber hat er viele, mehr oder minder umfangreiche, stark vom Wirken des Heiligen Geistes und vom Geheimnis Christi geprägte Ausführungen in fast allen theologischen Werken[1].
Von den selbständigen mariologischen Schriften, die unter seinem Namen weiteste Verbreitung fanden, ist keine echt, auch nicht ein höchsteinflußreiches »Marienlob« (Laus Virginis oder Mariale), des-

sentwegen vor allem er bis 1952 als einer der fruchtbarsten Mariologen des Mittelalters galt[2].

Seine Gedanken über die Gottesmutter stehen in 26 seiner theologischen Schriften, aus den dreißiger bis hoch in die sechziger Jahre des 13. Jahrhunderts. Gerade auch ohne die vor Jahren von seinem Namen getrennten selbständigen mariologischen Traktate, deren Verunechtung zeigt, daß er nicht Mariologe im modernen und auch nicht im speziellen Sinn ist, bleiben seine Bemühungen um das Mariengeheimnis, was den Umfang und den Inhalt seiner Ausführungen betrifft, immerhin beachtlich und aufschlußreich.

Als er nach der philosophisch-theologischen Ausbildung an der damals berühmtesten Universität von Paris als Lektor der Pastoraltheologie in deutschen Dominikanerkonventen (Köln, Hildesheim, Freiburg, Regensburg, Straßburg) tätig war, arbeitete er — seit etwa 1235 eine moraltheologisch-aszetische (nicht abgeschlossene) Abhandlung »Über die Natur des Guten« aus, mit einem den Rahmen des Werkes sprengenden Fragment über die Gottesmutter — 59 von 124 Folio-Seiten in der kritischen Kölner Gesamtausgabe, Band 25,1.

Nach diesem Erstlingswerk — so wird es allgemein bezeichnet — bringen noch 25 andere Werke aus mehreren Fachbereichen der Theologie Darlegungen oder Bemerkungen über die Gottesmutter: Kommentare zur Bibel und zu anderen Werken; Systematische Werke, Schuldisputationen, Marienpredigten, Mariensequenzen. Sogar an Stellen, wo

es nicht zu erwarten ist, flicht er Gedanken über Maria ein. Demnach ist es nicht zu verwundern, daß unter den vielen ihm fälschlich zugeschriebenen Büchern und Traktaten auch viele mariologische Schriften sind. Seine Vorliebe für das Mariengeheimnis war eben allgemein bekannt.
Die Quellen seiner Aussagen über Maria sind allem zuvor *biblische* Texte des Neuen und des Alten Testamentes. Die wichtigsten einschlägigen Abschnitte (bei Mt, Mk, Lk, Joh, Jes, Jer) sucht er meistens Wort für Wort zu erklären, besonders das lukanische »Kindheitsevangelium« (Kap. 1 und 2), dem er in der Pariser Quartausgabe (Band 22) 258 von 1477 Seiten widmet. Alttestamentliche Texte werden in Fülle herangezogen, fast immer in allegorischer Anwendung gemäß der traditionellen Auslegungsmethode, die zwar schon lange nicht mehr gilt, aber ein konkretes, anschauliches Schreiben ermöglicht. Daher kommt es, daß die sachliche Aussage vielfach in eine Veranschaulichung verpackt ist.
Benutzt sind auch liturgische Texte, Kirchenväter und Kirchenschriftsteller, auch Profanschriftsteller (besonders Aristoteles), ebenfalls die Legende vom »Trinubium sanctae Annae« für Joachim und Anna als die Eltern Marias von Nazareth (die Legende berichtet, Mutter Anna habe dreimal nacheinander geheiratet und aus jeder dieser drei Ehen eine Tochter Maria gehabt).
Der Ort für Mariologisches in den *systematischen* Werken sind die Stellen, wo Albert über Christus, Kirche, Rechtfertigung, Keuschheit, Ehe handelt.

Sonderlich lag ihm der Komplex der Fragen um die Jungfräulichkeit Marias, mit besonderer Berücksichtigung ihrer Jungfrauschaft vor und bei und nach der Geburt Jesu; ferner die echte natürliche Mutterschaft — an der ihm als einem an der Natur stark Interessierten viel lag —, die Gottesmutterschaft, die Gnadenausstattung und die Auszeichnungen Marias als der Mutter des Erlösers; das Frömmigkeitsleben der seligen Jungfrau — so nennt er sie meistens —, also Glaube, Demut, Hingabe an Gottes Willen, Gebetsleben, Hilfsbereitschaft und Einsatz für den Nächsten (»humanitas«); wobei die Hierarchie der Kräfte des Christenlebens Tugendkräfte, Gaben des Heiligen Geistes, Forderungen der »Seligkeiten«, »Früchte des Geistes« — und deren Realisierung in Maria mehrmals ausführlich zur Sprache kommt. Ethik war einer der Schwerpunkte seines wissenschaftlichen Arbeitens.

Besondere Sorgfalt verwendet Albert auch auf die Ehe mit Josef, auf das Mitleiden unter dem Kreuz, auf die Aufnahme in den Himmel, auf den himmlischen Rang und den mittlerischen Dienst am Heil durch Beispiel und Fürbitte.

Mit Aufbietung seines vielfältigen und umfassenden Wissens, mit Hilfe aristotelischer Methode und Lehre, mit bewundernswerter Bibelkenntnis, zum Teil in bilderreicher Sprache, hie und da auch mit mystischen Gedanken, bietet Albert ein ausgewogenes dogmatisches Marienbild, wie es aus Bibel und Tradition entwickelt worden war. Es ist — gegenüber dem unechten »Marienlob« — eine eher nüchterne Darlegung, bei der die tragende Meditation spürbar und eine starke Verehrung für die Mutter des Herrn wahrnehmbar ist.

II. Die hier benutzten Ausgaben der Werke des Albertus

B. in Klammern mit Bandzahl und Seitenzahl (samt Spalte a/b) = Gesamtausgabe der Gebrüder August und Emil *Borgnet*, Paris 1890—99.

Ed.Col. in Klammern = Erste kritische Gesamtausgabe, Köln ab 1951, mit Bandzahl, Seiten- und Zeilenzahl. Albertus-Magnus-Institut, Bonn. — t. = tomus = Band; p. = pagina = Seite; v. = versus = Zeile.

Ed.-Ms. = Editionsmanuskript

III. Abkürzungen der Titel

1. De nat.boni = De natura boni = Über die Natur des Guten
2. De sacr. = De sacramentis
3. De incarn. = De incarnatione = Über die Menschwerdung
4. Q.disp. = Quaestio disputata = Schuldisputation
   Q.disp.de prophetia
   Q.disp.de conceptione Christi = Über die Empfängnis Christi

Q.disp.de aureola = Über die sekundären himmlischen Auszeichnungen der Martyrer, der Glaubensverkündiger, der in christlicher Ehelosigkeit Lebenden.
5. De resurr. = De resurrectione = Über die Auferstehung
6. De IV coaeq. = De quattuor coaequaevis = Schöpfung
7. De bono = Über das Gute
8. Super I (II,III,IV) Sent. = Super I Sententiarum des Magisters Petrus Lombardus = Kommentar zu dem vierteiligen theologischen Schulbuch, der seit dem ersten Drittel des 13. Jahrhunderts an der Universität von Paris in Brauch kam. — d. = distinctio, a. = articulus, solutio = Hauptlösung, ad 1 (2, 3, 4) = Einzelentgegnung auf die Einwände, qla = quaestiuncula = Unterfrage.
9. Kommentare zu den Schriften des Pseudo-Dionysius
Areopagita:
Super Dion.De eccl.hier. = Super Dionysium De ecclesiastica hierarchia = Über die kirchliche Hierarchie
Super Dionysium De div.nom. = De divinis nominibus = Über die Namen Gottes
Super Dion.In epist.IV = In epistulam IV. = Vierter Brief des Ps.-Dionysius (an den Mönch Gaius).
10. Bibelkommentare:
Super Matth. = Matthäuskommentar
Super Marc.

Super Luc.
Super Ioh.
Super Is. = Super Isaiam = Jesaia-Postille
Super Ier. = Jeremia-Postille (Fragment) Super Dan. = Daniel-Kommentar Marienseq. = Mariensequenz

IV. Zur Übersetzung

Die Übersetzung hält sich weitestgehend an den lateinischen Ausdruck. Auf einen gepflegten Stil konnte er bei seinem äußerst fruchtbaren literarischen Schaffen und vielen anderen Aufgaben innerhalb und außerhalb seiner Ordensgemeinschaft nicht viel achten. Er arbeitete schnell und bediente sich dabei der scholastischen, und zwar persönlich geprägten, nicht leicht verstehbaren Schreibweise, die auch in der Übersetzung einigermaßen beibehalten werden sollte. Zuweilen geht die Darlegung unversehens in eine preisende Anrede Mariens über.

Mit Rücksicht auf den Leser schien es daher angebracht, den Ausführungen Alberts, wenn nötig, jeweils aus dem näheren oder entfernteren Zusammenhang, in einem kurzen Kommentar (in Kleindruck) einige Erläuterungen oder Ergänzungen beizugeben.

V. Eigenart und Eigenwert

Albertus Magnus geht im Denken über die Gottesmutter im großen und ganzen den gewöhnlichen Weg der Theologie des 13. Jahrhunderts. Daher ist von einer Wiedergabe seiner Gedanken über die Gottesmutter einmal ein Aufschluß zu erwarten über die allgemeine Glaubenslehre und Glaubensüberzeugung über Maria, wie sie in dem religiös, wissenschaftlich und künstlerisch so regen 13. Jahrhundert, dem er als Mitgestalter abendländischen Denkens angehört, wirksam waren. Zu erwarten ist von seinen Gedanken über die Gottesmutter zugleich in hervorragender Weise und an einem entscheidenden Punkt ein Blick auf die gerade beim Mariengeheimnis so bedeutsame Entwicklung, ganz abgesehen davon, daß bei seinem Ruf und seiner Kompetenz seine Gedanken über Maria schon an sich beachtenswert sind und daß seine nüchtern-fromme Art, seine Denkrichtung und Methode, sein theologischer Takt und der, freilich von einer jüngeren Entwicklung in mancher Hinsicht (z. B. Unbefleckte Empfängnis, Empfängnismaterie für den Leib Christi) überholte Inhalt seines Denkens über die Mutter des Herrn einen allgemeingültigen Wert besitzen[4]. Was er bietet, ist das aus Schrift und Tradition entstandene Marienbild des 13. Jahrhunderts, wenngleich er neue Fragen aufwirft und vergessene von neuem stellt, weitere Quellen für die abendländische Theologie erschließt, neue Beweise versucht, Akzente anders setzt, Texte anders deutet, einzelne Lehrpunkte vorzieht, zurückweist, klärt und unterstreicht, und überhaupt seinen mariologischen Ausführungen, wie immer, aus profundem Wissen und viel Meditation, sein personliches Gepräge gibt.

Phil.-Theol. Hochschule der Patres Redemptoristen, Kloster Geistingen, Hennef/Sieg, 15. November 1988

A. F.

Anmerkungen

1 Vgl. *A. Fries*, Die Gedanken des heiligen Albertus Magnus über die Gottesmutter: Thomistische Studien VII (Freiburg/Schweiz 1958) S.IX. — *Fries*, Die unter dem Namen des Albertus Magnus überlieferten mariologischen Schriften: Beiträge zur Geschichte der Philosophie und Theologie des Mittelalters, Band XXXVII Heft 4 (Münster/Westf.1954) 133—138. — *Fries*, Art. Albert der Große: Marienlexikon I (1988) 79—85.
2 *Fries*, Überlieferte mariol. Schriften 23—51. 81—130.
3 *Fries* ebd. 81—130.
4 Vgl. *Fries*, Die Gedanken (siehe Anmerkung 1) S.2.

Namen und Abkürzungen der *biblischen* Bücher: Einheitsübersetzung der heiligen Schrift, das Alte Testament S. 2155ff.

I. Die »Verkündigung des Erlösers«

Das erste und grundlegende Geheimnis im Heilswerk Christi ist die Verkündigung des Herrn an Maria.

1. Ziel der Verkündigung[1] war nicht der theologische Glaube der seligen Jungfrau; denn den Glauben an Gott und Gottes Allmacht und an die göttliche Verheißung des Erlösers und seine Geburt von einer Jungfrau besaß sie schon vorher. Ein Ziel war vielmehr, daß sie den gerade an ihre Adresse gerichteten Worten des Engels Glauben schenke. Ein zweites Ziel folgte daraus, nämlich die Empfängnis Christi. Zwar sollte die Verkündigung die Menschwerdung des Gottessohnes nicht bewirken, sie sollte aber die Jungfrau innerlich darauf vorbereiten, daß die Empfängnis Christi durch das Wirken des Heiligen Geistes in ihr geschehe. — Super III Sent.d.3 a.17 (B.28,58b). —
Es kam also erstens einmal darauf an, daß Maria der durch den Engel überbrachten Botschaft ein natürliches Glauben entgegenbringe — wie der Mensch einem glaubwürdigen Gesprächspartner Glauben schenkt —, sofern die Botschaft gerade an sie gerichtet war.

2. Bei der Erhabenheit des Geheimnisses der Gottesmutterschaft und bei ihrer eigenen Niedrigkeit, deren sie wie sonst niemand sich bewußt war, durfte und mußte sie eine Belehrung darüber erwarten, daß gerade sie selbst Gottesmutter werden sollte. Der Glaube also, den der Engel daraufhin

erst in ihr begründete, war nicht die theologische Tugend des Glaubens, sondern ein natürliches Glauben, das heißt das Überzeugtsein, daß sich in ihr das Verkündigte verwirklichen sollte. Durch die Verkündigung bekam also Maria keine Einsicht in das Geheimnis der Empfängnis Christi, sondern einfach die Gewißheit, die sich nur auf die sie selber betreffenden Worte des Engels bezog und erst auf ihre Glaubenszustimmung zu dem Geheimnis folgte und deren Wert vor Gott ungeschmälert bestehen ließ.

Es war also lobenswert, daß sie den Engel um Aufklärung bat über einen Umstand, der ihr noch nicht klar war — daß Gott gerade sie zur Messiasmutter bestimmt hatte —, und ohne diese Aufhellung und Gewißheit wäre es tadelnswert gewesen, so Großes für sich anzunehmen. Sie war ja der Meinung, erst in der Zukunft werde eine andere Frau, wer das auch immer sei, für diese würdevolle Aufgabe auserwählt sein.

Mit der klärenden Antwort des Engels und mit dessen Hinweis auf Elisabeth bekam sie nicht das Motiv ihres Glaubens, vielmehr ein Glaubwürdigkeitsmotiv, so daß ihr Glaubensgehorsam vor der Vernunft verantwortbar wurde. Super III Sent.d.3 a.13 ad 2 (B.28,56a). — Vgl. Nr. 6. —

Ähnlich ist es bei der Eucharistie. Mit dem Glauben an die Realpräsenz, die ja die richtig vollzogene Konsekration unterstellt, hat nichts zu tun die Annahme des Anbetenden, gerade diese Hostie, die der Priester am Altar den Gläubigen zeigt, sei wirklich konsekriert. Denn das Glau-

ben, womit ich gerade diese Hostie für konsekriert halte, ist nicht ein Akt der göttlichen Tugend des Glaubens, sondern schlicht eine Annahme oder ein Meinen. — Super III Sent.d.25 a.3 ad 4 (B.28, 478/79). — Bei diesem Umstand, daß gerade sie die Mutter des Messias werden sollte, genügte der Jungfrau legitim nur die höchste Gewißheit, nicht schon ein Glauben im Sinn von Meinen. Darum war ihre Frage berechtigt und verpflichtend.

3. Der Engel spricht nur solche Worte (Lk 1,29—37), die geeignet sind, Maria in ihrer Demut aufzurichten; denn von sich selbst hatte sie nichts Großes im Sinn. — De incarn.Ed. Col.t.26 p.179 v.65—68.

4. Der Name »Magd« (Lk 1,38) ist gleichzeitig Ausdruck der Demut wie des willigen Gehorsams. — De incarn.p.181 v.47. — Vgl. Nr. 17.11. —
Vor wie nach der Empfängnis Christi schrieb Maria sich selbst nur »die Niedrigkeit der Magd« zu, alle Hulderweise jedoch »dem Erbarmen Gottes« (Lk 1,48—50). — Vgl. Nr. 55.

5. Zuerst war die Jungfrau erschrocken über die Anrede durch den Engel, dann wurde sie darüber belehrt, was dieser Gruß zu bedeuten habe. In ihrer Angst vor dem hohen Inhalt der Botschaft und in Besorgnis um ihre unter Bedingung gelobte Ehelosigkeit[2] hat sie vom Engel in Ehrfurcht Aufschluß erbeten (Lk 1,29—34). Als sie Klarheit erhalten hatte, brachte sie durch ihre Zustimmung nun der Botschaft vollen Glauben und ergebungsvollen

Gehorsam entgegen (Lk 1,38). — Super Luc. 1,35 (B.22,93a). —

Ihrer Demut gegenüber führte sie der Engel zu der Erkenntnis, daß Gott aus Erbarmen gerade sie erwählt habe und daß das Geheimnis sich in ihr selbst ereignen solle. Gegenüber ihrem Bedenken wegen des bedingten Gelübdes vollkommener Enthaltsamkeit überzeugte sie der Engel davon, daß ihr Gelübde sich sehr wohl in Einklang bringen lasse mit der Verheißung der Mutterschaft, da der Heilige Geist auf sie herabkommen und die Kraft des Allerhöchsten sie überschatten werde, so daß sie, Jungfrau bleibend, Mutter werde. — Vgl. Nr. 104.

6. Sehr erstaunlich sind die Worte des Engels: Er kommt, um der Jungfrau den Gruß Gottes zu übermitteln, und er deutet zugleich an, daß Gott selbst seinem eilenden Boten zuvorgekommen ist und in ihrem Innern bei ihr ist[3], damit sie die Botschaft seines Boten gläubig annehme[4]. — Super Luc. 1,28 (B.22,64a/b).

7. Das Verhältniswort »mit« bezeichnet ein Zusammenwirken: Wenn der Herr mit ihr ist, dann ist auch sie mit dem Herrn; und wenn wir nun wissen wollen, was die Jungfrau an Eigenem in dieses Zusammenwirken eingebracht hat, können wir sagen: Erstens ihr Jawort aus demütiger Liebe, und zweitens einen zweifelsfreien Glauben an die Wahrheit der Verheißung. Super Luc. 1,28 (B.22,63b). —
»Demut der Magd« und Kraft des Glaubens waren zwei von den vielen durch den Heiligen Geist ihr zugeteilten Charismen: Nr. 15. 17.

8. Maria bedenkt, daß Adam und seine ganze Nachkommenschaft dringend nach Erlösung verlangen und daß alle Frommen die Rettung ersehnten und erflehten, Jes 33,2: »Herr, hab Erbarmen mit uns, denn wir hoffen auf dich!«; Maria schließt sich ihrem Beten an und spricht ihr »Fiat« (Lk 1,38), das der Engel erwartet, als ob er spräche: »Auf dein Heil hoffe ich, Herr« (Gen 49,18). Sie stellt sich Gott vollständig zur Verfügung und betet, daß alle Menschen des durch den Engel zugesagten Heils teilhaftig werden. — Super Luc. 1,38 (B.22,113a). — Vgl. Nr. 52.

9. Es ist so, daß Maria auf ihren Glauben hin gewürdigt wurde, daß der Heilige Geist in ihr das Geheimnis der Menschwerdung wirkte. — Super III Sent.d.4 a.5 (B.28,85a). —
Der gottgeschenkte Glaube Marias war entscheidend dafür, da sie die Mutter des Gottessohnes für sein menschliches Leben werden durfte. — Vgl. Nr. 17.14.

10. Als Maria »überlegte, was der Gruß Gabriels zu bedeuten habe«, fragte sie sich, ob der Trost des Gottesvolkes schon nahe bevorstand oder erst für die Zukunft angesagt war. Sie war ja eine kluge Jungfrau und vom Heiligen Geist in der Bibelkenntnis unterwiesen. — Super Luc.1,29 (B.22,69b). — Vgl. Nr. 45. —
Dabei ist mitausgesagt, daß der Heilige Geist es ist, der allen Glaubenden, wie der Jungfrau Maria, den Sinn der Schrift erschließt. Er wurde allgemein genannt: »Ostiarius sacrae Scripturae«.

11. »Selig die Frau, deren Leib dich getragen...« (Lk 11,27). Hier ist ein Doppeltes ausgesagt; zuerst wird durch eine Frau der Ursprung Christi dem Leibe nach gepriesen; darauf folgt das Lob Christi auf seinen geistlichen Ursprung in all denen, die sein Wort hören und es befolgen und so im geistlichen Sinn seine Mütter werden, und zwar ist das erste, nämlich der Ursprung Christi dem Leibe nach, eine bildliche Darstellung (figura) für das zweite, eben für den geistlichen Vorgang. Dieses zweite ist die Ursache für den leiblichen Ursprung Christi. Denn die selige Jungfrau hätte den Messias nicht körperlich geboren, wenn sie nicht vorher das Wort Gottes mit dem Ohr des Herzens aufgenommen und bewahrt, es gleichsam im Schoß des Herzens getragen hätte. — Super Luc. 11,27 (B.23,158b). — Vgl. Nr. 113.
— *Die Jungfrau Maria ist der einzige Mensch, der in den körperlichen Ursprung Jesu hineingezogen ist, und sie steht an der Spitze derer, die zum Ursprung Christi dem Geiste nach beitragen, »die Gottes Wort hören und es befolgen«. Messiasmutter sein, das ist eine einmalige Würde, die Größe Marias aber besteht darin, daß sie ihr Leben lang im Glauben und Gehorchen ganz auf Gottes Ruf und Willen einging und ganz darin aufging, auch im tiefsten Dunkel bei der Verkündigung und im tiefsten Leid beim Kreuz Jesu. Darum bezieht sich gerade auf sie das Lob des Herrn (Lk 11,28): »Selig vielmehr jene, die Gottes Wort hören und es befolgen«, wie auch die andere Aussage Jesu (Mk 3,35): »Wer den Willen Gottes erfüllt, der ist für mich Bruder und Schwester und Mutter«. Durch den Glauben ereignet sich im Menschen Geburt des Got-*

tessohnes, und so gewinnt Christus durch die Gnade in ihm Leben und Gestalt (vgl. Gal 4,19), und so bewahrheitet sich: »Der ist für mich Mutter«. Maria, die Mutter Jesu — biologisch gesehen —, war noch eher und noch mehr die glaubende Magd des Herrn, und so war und wurde sie immer mehr Mutter Jesu dem Geiste nach. — Vgl. Nr. 9.

12. Die an Maria ergehende »Verkündigung des Erlösers« (»Salvatoris«) war so angelegt, daß sie die Jungfrau zur Zustimmung gegenüber ihrem Auftrag nur hingeleitete. Ihr »Fiat« mußte ja aus freier Entscheidung kommen, die zum vollkommen menschlichen Tun unerläßlich ist. Zwar ist die intellektuelle, rein innerliche Erleuchtung durch Gott die höherwertige Art, aber sie gewinnt unabweisbar Vernunft und Willen für sich, z. B. überwältigende Gotteserlebnisse. Dagegen läßt eine über die äußeren Sinne oder über die Phantasie gewährte Erleuchtung einen Freiraum für Frage und Antwort, für Aufklärung und Ermutigung, für Überzeugung, Abwägen und Wahl, und war von daher der geeignetere Weg zum Einholen einer freien Zustimmung Marias, da sie gegenüber dem unfehlbaren Ratschluß Gottes nur anleitete und hinführte zur Annahme des göttlichen Auftrags. — Super III Sent.d.3 a.16 solutio (B.28,58a/b). —

Gerade das Muttersein für den Erlöser sollte auf die freie Entscheidung der Jungfrau von Nazareth gegründet sein. Von dieser überwältigenden Aufgabe sollte die Verkündi-

gung Maria in Kenntnis setzen, »da jedem Wollen das Erkennen voraufgeht«. Dann aber war — gemäß der Erleuchtungstheorie des Augustinus — nicht das rein innerlich erleuchtende Licht, sondern die Sinneserscheinung die richtige Weise, die freie Zustimmung der Jungfrau zu erlangen.
Bei dieser Lösung, die Albert mit der unmittelbar vorausgehenden Theologengeneration sich zu eigen macht, braucht nicht gesagt zu werden — wie es vielfach gesagt wurde —, die Menschwerdung des Gottessohnes zur Erlösung der Welt sei in Abhängigkeit von dem Jawort der Jungfrau erfolgt. Mit der von Albert gegebenen Erklärung wird ja der Nachweis versucht, wie bei dem Geheimnis des Zusammenspiels zwischen unfehlbarer Weisheit Gottes und freier Entscheidung des Menschen, die zum eigentlich menschlichen Handeln (actus humanus) erforderlich ist, die beiden Faktoren in Einklang zu bringen sind[5]. Die gleiche Frage stellt sich übrigens auch beim Glaubensakt, der ja in die Freiheit gestellt ist, da er einerseits vom Hören kommt (Röm 10,17) und zum anderen und wesentlich Geschenk Gottes ist, was Albert »Charisma« oder »Inspiration des Heiligen Geistes« nennt.

13. Die Menschwerdung des Sohnes Gottes um unseres Heiles willen steht in der Prophezeiung der göttlichen Vorherbestimmung, das heißt des ewigen göttlichen Willensratschlusses für das Heil des Menschengeschlechtes. In der Zeit gelangt eine solche Prophezeiung — die redemptorische Menschwerdung — unfehlbar zur Ausführung ohne jedes

Mitwirken des Menschen, nicht jedoch ohne seine Zustimmung zum Wirken Gottes. Dafür war die Verkündigung vonnöten. — Super III Sent.d.3 a.13 ad 1 (B.28,56a); De incarn.(Ed.col.t.26 p.172 v.60—64.)

So hat Maria ihre Zustimmung gegeben, daß die Empfängnis Christi in ihr geschah; sie schaltete damit nur ein mögliches Hindernis aus, wogegen die Menschwerdung selber rein ein Handeln Gottes blieb. Gott ließ sie mit ihrem von der Gnade getragenen Willen in freier Entscheidung aus persönlicher Überzeugung das Jawort geben. Er nahm eben Maria von Nazareth nicht einfach als Mittel der Menschwerdung an, sondern als Person, deren Wahlfreiheit er ernstnahm und deren Entscheidung — unter dem sanften und sicheren Zug der Gnade — er einholen wollte. Daher war eine Unterrichtung durch den Engel am Platz, also eine sinnenfällige.

14. Wo die Zeugung so vor sich geht, daß zuerst das Herz und der Geist von Gott ergriffen werden und dann erst der Leib in die Weihung und Heiligung einbezogen und in den Dienst und in die Gemeinschaft des Geistes genommen wird, so daß auch er ein Tempel Gottes wird (1 Kor 6,19), dort ist es eine übernatürliche, das heißt eine direkt von Gott gewirkte Zeugung. Auf diese Weise hat das ewige Wort einen Leib mit sich geeint im Schoß der gebenedeiten Jungfrau. — Super Ioh.1,14 (B.24,48a/b).

Das ewige Wort erfaßte Marias Herz und Geist, heiligte sie und weihte ihren Leib, so daß der Leib als ein Tempel Gottes ein möglichst würdiges Instrument ihrer geheilig-

ten Seele wurde. Maria empfing das Wort zuerst glaubend und liebend und erst danach in ihrem geweihten Schoß.
— *Vgl. Nr. 11. 18.*

15. »Selig ist die, die geglaubt hat, daß sich das erfüllt, was der Herr ihr sagen ließ« (Lk 1,45). Dieses »*selig*« trifft im stärksten Grad auf jene Frau zu, der eine Fülle der Gnade und Tugend verliehen war, die so klug war und so groß im Glauben, daß sie auf Grund ihres Glaubens gewürdigt wurde, den Sohn Gottes in ihrem Schoß zu empfangen und so eine tragende Schicht und eine Säule der Kirche ist.
— Super Luc. 1,45 (B. 22, 121b). —
Der Glaube der Kirche beginnt im Glauben Marias, mit dem sie die Botschaft Gottes bei der Verkündigung des Herrn aufnahm. Wie die Kirche, verkörpert in Maria, ihren Herrn bei der Menschwerdung im Glauben und sogar in der Wirklichkeit des Fleisches empfangen hat, so empfängt sie ihn die ganze Weltzeit hindurch im Glauben und im Geist. — *Vgl. Nr. 11. 129.*

16. Um Jesu willen wurde auch seine Mutter vom Wirken des Heiligen Geistes bedacht und beschenkt und von Anfang an in die Heiligung hineingenommen. Ihr Leben verlief unter der Inspiration des Heiligen Geistes. Er stärkte ihr das Herz, daß sie glaubte, und ihren Leib, daß sie die göttlichen Geheimnisse aushalten konnte. — Super Luc. 1,35 (B. 22, 96a—97b). —
Ihr Leben war einzigartig vom Geiste Gottes geprägt, und die Kategorie des Heiligen teilte sich sehr real auch ihrem

Leib mit im Hinblick auf das Geheimnis, das sich in ihr ereignen sollte.

17. Auch mit Charismen bereicherte der Heilige Geist ihr Seelenleben, z. B. mit der Demut der Magd, auf die Gott schaute, um sie zur Mutter des Erlösers für alle zu bestimmen (Lk 1,48), oder mit der Kraft des Glaubens vor der durch den Engel überbrachten Botschaft, daß sie als Jungfrau den Erlöser empfangen konnte, und noch zahllose andere solcher Gaben. Denn der Geist, der die Gaben verleiht und »einem jeden seine besonderen Gaben zuteilt« (1 Kor 12,11), hat die erwählte Mutter des Herrn in Fülle mit diesen Gaben beschenkt. — De nat.boni, (Ed.Col.t.25,1 p.71 v.45—52.) —

Besonders durch ihren Glauben wie durch ihre Demut hat Maria sich vor Gott ein gnadenhaftes Verdienst erworben, nicht ein Gerechtigkeitsverdienst *(de condigno), das einen Anspruch begründet — so hat Jesus durch die stellvertretende vollwertige und überfließende Genugtuung die Versöhnung der Menschen mit Gott verdient —, vielmehr nur ein* Billigkeitsverdienst *(de congruo), das auf die Güte Gottes angewiesen ist, und nicht gegenüber der Gottesmutterschaft selber, die in sich eine unverdiente und unverdienbare Dienstgnade (gratia gratis data) ist. Maria hat »bei Gott Gnade gefunden«. In Frage kommt nur insofern ein Billigkeitsverdienst, wie Maria mit Unterstellung ihrer Erwählung und kraft der im Hinblick auf die Verdienste Christi hin geschenkten hohen Begnadung sich seelisch darauf vorbereitete, dem Erlöser eine möglichst würdige Mutter zu sein (siehe An-*

merkung 55). Auch ein Billigkeitsverdienst im weiteren Sinn, das allein von Gottes Barmherzigkeit etwas erwartet und in dem Flehen der Frommen um das Kommen des Messias bestand — »Tauet, ihr Himmel, von oben, ihr Wolken, laßt Gerechtigkeit regnen!« (Jes 45,8) sagt Albert öfters von Maria aus. — Vgl. Nr. 117.
Die Menschwerdung, rein Gottesgeschenk, sollte auf das Gebet der Menschen hin geschehen. Gott wollte die Menschwerdung seines Sohnes als Frucht der Sehnsucht und des Flehens. — Vgl. Nr. 8.

18. »Mir geschehe, wie du es gesagt hast« (Lk 1,38), wie ich es mit dem Ohr vernommen, mit dem Herzen geglaubt und mit dem Mund bekannt habe (vgl. Röm 19,10): so hat das Wort in meinem Leib Fleisch angenommen, damit ich den Glaubenden zurufen kann: »Habt Vertrauen« (Mt 14,27), »das Wort ist Fleisch geworden und hat unter uns gewohnt«, und bald werdet ihr schauen »seine Herrlichkeit, die Herrlichkeit des einzigen Sohnes vom Vater, voll Gnade und Wahrheit« (Joh 1,14). — Super Luc.1,38 (B.22,114a). — Vgl. Nr. 14.

Aus der Antwort Marias, worin auch der Jubel der Heilserwartung durchbrach, hört Albert den vollkommenen Glauben heraus, nämlich die Bereitschaft der Magd des Herrn, dem Geist und dem Fleisch nach das an sich geschehen zu lassen, das Gott an ihr und durch sie tun wollte, zum Heil aller Menschen.

18a. Warum wollte der Sohn Gottes das menschliche Leben überhaupt in einer Frau annehmen? So fragten die Kirchenväter. Der ehrwürdige Beda

(+ 735) nennt folgenden Grund: »Wie von einer Frau das Unheil der Sünde und der Tod ihren Anfang nahmen, so war eine Frau der Anfang des Heiles und der Weg ins Leben.«

Wie Eva ihrem Mann den Todesbissen anbot, so brachte die vom Engel gegrüßte Frau der verlorenen Welt den Urheber des ewigen Heiles... Da also das männliche Geschlecht den Bewirker des Heiles stellte, war es angebracht, daß dieser Retter von einer Frau geboren werde, damit beide Geschlechter den Anspruch erheben können, am Dienst des wiedergeschenkten Lebens beteiligt zu sein. Gal 4,4: »Als aber die Zeit erfüllt war, sandte Gott seinen Sohn, geboren von einer Frau...« — Super Luc.1,27 (B.22,52a).

So also, Jungfrau Maria, wird das von Dir geborene heilige Kind »Sohn Gottes« genannt werden. Er erfüllt alle messianischen Verheißungen der Propheten und bringt alles Heil unserer Erlösung. — Super Luc.1,35 (B.22,107a).

II. »Früher geheiligt als geboren«

19. In dem Gruß: »Der Herr ist mit dir«, kommt ganz besonders die erbarmungsvolle Huld Gottes zum Ausdruck, wodurch Maria erwählt worden war, die Mutter Gottes zu sein. Denn bevor sie wirklich Gottesmutter wurde, war sie von Ewigkeit zu diesem Muttersein berufen. — De incarn. (Ed.Col.t.26 p.179 v.45—48).

20. Vor der höchsterhabenen Aufgabe, Mutter Gottes zu werden, war ein gnadenhaftes Verdienen nicht möglich. *Gefunden* hat Maria diese Würde im göttlichen Erbarmen. — De incarn. (p.180 v.14—19). — Vgl. Nr. 17.117.
Alles, was Maria ist und hat und vermag, ist Geschenk Gottes um Jesu willen durch das Wirken des Heiligen Geistes für uns.

21. Alles Gute ist Gabe des Heiligen Geistes. — Super Is. 11,2 (Ed.Col.t.19 p.173 v.73—74). — *»Der Heilige Geist ist die Liebe in Person zwischen dem Vater im Himmel und seinem Sohn Jesus Christus. Im Heiligen Geist wendet sich diese Liebe uns Menschen zu«* (A. Günthör).
Der Heilige Geist, den in der Dreieinigkeit Vater und Sohn senden, ist der Spender der Gottesgeschenke und so selber die allesumfassende Gabe Gottes.

22. Die vorgeburtliche Heiligung des Propheten Jeremia (Ier 1,5) und des Täufers Johannes (Lk 1,15), wurde auf eine besondere Beziehung zum kom-

menden Erlöser hin verliehen. De incarn. (p.183 v.69—71). — Vgl. Nr. 35c. —
Mit der besonderen Berufung zu einem Dienst am Christusheil ist ein außerordentlicher Erweis der Güte Gottes verbunden. Im Mutterschoß wird ein Mensch geheiligt zum persönlichen Heil wegen eines besonderen Dienstes am Heil.

23. Marias Heiligung im Mutterleib — in einer geläufigen Kurzformel: »Ante sancta quam nata« — war, wie die des Jeremia und des Johannes, als Vor-Bildung auf Christus, den Heiligen oder den Heiligenden im Mutterschoß, hingeordnet. — De sacr. (Ed.Col.t.26 p.33 v.4—5). —

24. Jede Heiligung im Mutterschoß wird von Gott gewährt auf die Heiligkeit Christi im Mutterleib hin. — De incarn. (Ed.Col.t.26 p.186 v.1—2). —
Einer von vielen Texten, wo deutlich ist, daß Albert unverwandt die enge Verbindung zwischen Sohn und Mutter im Auge behält: »artus nexus« (Papst Paul VI.). — Vgl. Nr. 31. — Die Verbindung zwischen Sohn und Mutter kommt wohl auch auf den Marienbildern zum Ausdruck, wo die Maler durch die Jahrhunderte meistens die Mutter nicht ohne ihren Jesus darstellen. —
Die Mutter Christi wurde bereits im Mutterleib begnadet, weil sie den von sich aus heiligen Christus im Schoß tragen sollte.

25. Einigen besonders Erwählten wurde aus Rücksicht auf Christus und zu seiner Ehre das Privileg zuteil, daß sie schon vor der Geburt das Gnadenle-

ben empfingen. Super Ier.1,5 (Ed.Col.t.19 p.634 v.1—4).

26. Heiliges hat es nicht nötig, geheiligt zu werden; das Heilige im Mutterschoß ist also Christus, Lk 1,35: »Deshalb wird auch das von dir geborene heilige Kind Sohn Gottes genannt werden.« Das Geheiligte aber wird durch die heiligende göttliche Ursache aus Nicht-Heiligem heilig gemacht, wie wir Christen alle in der Taufe heilig gemacht werden durch unseres heiligen Christus Heiligkeit. — Super Ier.1,5 (p.633 v.64—p.634,1).

27. Jeremia hat die in allen Sakramenten heilwirkende Passion Jesu geweissagt und durch Leiden ausdruckhaft vorgebildet... Der Täufer Johannes hat dem Vollbringer des Heils den Weg gebahnt (Mt 11,19)... Die selige Jungfrau aber diente dem Kommen Christi und damit dem Kommen aller Gnade. Super Ier.1,5 (p.634 v.418). —
Hier erscheint die Mutter Christi = »die Mutter der göttlichen Gnade« (Lauretanische Litanei).

28. Die Gnade der Heiligung im Mutterleib ist heiligmachende Gnade, und zwar zuvorkommende, das heißt: rein aus dem göttlichen Erbarmen kommende Gnade. — De incarn. (Ed.Col.t.26 p.182 v.17—18).

29. Entsprechend der Dienstfunktion in der Heilsgeschichte hatte — in Sachen der vorgeburtlichen Heiligung — Jeremia den Positiv(-Grad), der Täufer Johannes den Komparativ, die Jungfrau Maria den

Superlativ. — Super Ier.1,5 (Ed.Col.t.19 p.634 v.80—87).

30. Das Herrlichste an Heiligung (»sanctificationem« ist hier zu lesen, der Druck hat »sanctitatem«) im Mutterschoß hat Maria deshalb empfangen, weil sie der Heiligkeit Christi so nahe kam, daß aus ihr später das entnommen wurde — der Leib Christi —, das mit dem Gottessohn geeint wurde. Super III Sent.d.3 a.8 qla (B.28,51b).

31. Jede Heiligung im Mutterleib steht in Beziehung zur Heiligkeit Christi im Mutterleib. Christus selber ist nämlich nicht im Mutterschoß geheiligt worden, vielmehr ruhte in ihm alle Heiligkeit im Mutterschoß. Jene Beziehung aber kann *einmal* in der *Empfängnismaterie* begründet sein, womit der Sohn Gottes Fleisch angenommen hat, das er mit sich im Personsein vereinte. Auf diesen Grund hin konnte nur eine *einzige* Person vor der Geburt begnadet werden, da er nur von einer einzigen weiblichen Person seinen Leib annehmen konnte. *Zweitens* konnte die Beziehung auf Christus hin aus der *Ankündigung oder der Vorstellung des Messias* hervorgehen. Es war ja angemessen, daß jene zwei Propheten (Jeremia und Johannes), die ausdrücklicher als andere die Offenbarung einer so großen Heiligkeit empfingen und sie den Menschen kundtaten, durch außergewöhnliche Begnadung näher als andere an die Heiligkeit Christi hinangeführt wurden. — De incarn. (Ed.Col. t.26 p.186 v.1—15).

32. Die vorgeburtliche Heiligung Marias ist Glaubenslehre und allgemeines Bekenntnis der Kirche, obschon sie nicht ausdrücklich in der Bibel steht.

a. Im Zeichen vorgebildet aber ist sie im Alten Testament, wo Gott dem Noah befiehlt, eine Arche zu bauen, in der dann alle Tiere friedlich beisammen lebten (Gen 6,14). Die Arche bedeutet den Schoß der Jungfrau, die Tiere (animalia) sinnbilden die stillgelegten animalischen Regungen, die in der seligen Jungfrau nicht ins Unerlaubte ausbrachen[7], um der Ehre des Herrn willen. Das war schon eine Wirkung der Heiligung im Mutterschoß, die so mächtig war, daß sie ihr stärkere Gnadenkraft brachte, als wir in der Taufe bekommen. In Maria wurde nämlich im Mutterleib nicht nur die Erbsünde durch die Kindschaftsgnade getilgt, gebunden wurde vielmehr auch deren Folgeerscheinung, nämlich die Verkehrtheit oder Verbogenheit, die zum Unerlaubten anstachelt (Konkupiszenz). — Vgl. Nr. 33.
Uns nimmt die Taufe ebenfalls den Schuldcharakter der Erbsünde, nicht jedoch vollständig die aus ihr stammende Verkehrtheit, die durch die Kindschaftsgnade nur soweit abgeschwächt wird, daß dieser »Zunder« (Augustinus) uns immer noch vom rechten Weg ab und in die Sünde treiben kann. — De nat.boni (Ed.Col.t.25,1 p.44 v.30-44). —
Damals sah man — im Sinn der von altersher geltenden Schriftauslegung — in der Arche Noahs eine Vor-Bildung des Schoßes der Jungfrau, wie auch in der Bundeslade

aus unverweslichem, nichtbrennbarem, vergoldetem Holz (Ex 25,1—40) und in dem elfenbeinernen, vergoldeten Thron Salomos (1 Kön 10,18—20). De nat.boni (p.44 v.46—60). —
Das ist natürlich keine Auslegung der Bibeltexte, sondern eine allegorische Anwendung, wie sie der Symbolfähigkeit und Symbolfreudigkeit des antiken und des mittelalterlichen Menschen entsprach[8].
In der Malerei wurde seit der ersten Hälfte des 13. Jahrhunderts eine Vergleichung Marias mit dem Thron Salomos oft durchgeführt. Vgl. St. Beißel, Geschichte der Marienverehrung in Deutschland während des Mittelalters (Freiburg i. Br. 1909) 485—489.

b. Für die vorgeburtliche Heiligung Marias stützte man sich auch auf die »Analogia fidei«, das heißt: einen theologischen Beweis vom Geringeren zum Größeren: Die Bibel sagt uns, daß der Prophet Jeremia und Johannes als der Vorläufer und Täufer des Herrn schon im Mutterschoß geheiligt worden sind[9]. *Daraus ist zu schließen, daß erst recht Maria von Nazareth als die erwählte Mutter des Herrn schon vor der Geburt in Gottes Gnade aufgenommen worden ist.*

c. Ein weiterer Grund kommt von daher, daß seit dem 7. Jahrhundert vom Osten her in Rom die **Geburt Marias** *liturgisch begangen wurde*[10]. *Allgemein wurde nun darauf hingewiesen, das Fest* **Mariä Geburt** *unterstelle die vorgeburtliche Heiligung; denn den Geburtstag begehe die Kirche nur für den Herrn Jesus Christus, für die Jungfrau Maria und für den Täufer Johannes. In diesem* *liturgischen Brauch ist also die vorgeburtliche Heiligung Marias sonderlich lebendig enthalten.*

d. Aus der theologischen Tradition beruft Albert sich besonders auf Erzbischof Anselm von Canterbury (+ 1109) und Abt Bernhard von Clairvaux (+ 1153), und so schließt er sich der allgemeinen Überzeugung an: »Früher begnadet als geboren«.

33. Die vorgeburtliche Heiligung bestand in Heil und Gnade. — Super III Sent.d.3 a.10 solutio (B.28,52b). —
Im Mutterleib hat Maria die Kindschaftsgnade empfangen und damit verbunden die Tilgung der Erbsünde, das heißt: der ererbten Ursünde, mit der alle Nachkommen Adams belastet sind, das heißt: des von Adam als dem Stammvater und von allen Menschen in Adam verschuldeten Fehlens der ursprünglichen gottgeschenkten Gnade und Gerechtigkeit in jedem Neugeborenen. Die Verstrickung in die Erbschuld wird — in der vorgeburtlichen Heiligung wie in der Taufe — behoben[11] »durch unseres heiligen Christus Heiligkeit«.
Auch die Folge und Strafe des ersten Abfalls von Gott, nämlich die Konkupiszenz, die ungeordnete Begehrlichkeit, die »Verkehrtheit der menschlichen Natur« (Johannes Auer), wurde in der vorgeburtlichen Heiligung soweit entkräftet, daß sie in Maria nicht zur Sünde treiben konnte. Meister Albert nennt sie öfters mit Ambrosius von Mailand und Bernhard von Clairvaux »natura curva«, *Verbogenheit der Natur, die auf sich selbst zurückgebogene Menschennatur, in der Scholastik gang und*

gäbe: »Homo in se curvatus«, der auf sein Ich zurückgebeugte Mensch. Sie kommt aus der Ursünde und ist eine Triebkraft der persönlichen Sünde; sie ist von Gottes Weisheit dem Menschen belassen worden zur Bewährung im guten Kampf des Glaubens, den er zu kämpfen hat (Vgl. 1 Tim 6,12). Dieser Gefahr von unten war die künftige Mutter des Herrn schon vor der Geburt enthoben. Vgl. Nr. 34. 127. 134.

Mit der Versöhnung und der Gnade wurde dem Kind Maria im Mutterleib eine Fülle von Tugendkräften verliehen, die seit dem Vernunftgebrauch bei der zurückgedrängten Verbogenheit sich leichter und reicher entfalten konnten, und diesen Tugendkräften theologischer und sittlicher Art gesellten sich die sogenannten sieben Gaben des Heiligen Geistes zu und vertieften die Ausrichtung auf das Gute und verstärkten die Widerstandskraft gegen das Sündhafte, so daß Maria im Erdenleben zwar noch nicht die dem Zustand der Vollendung vorbehaltene Befestigung des freien Willens im Guten — »immobilitas liberi arbitrii a bono«, die Unlösbarkeit des freien Willens vom sittlich Guten — besaß, wohl aber eine »immobilitas honestatis ex libera voluntate«, das unwandelbare freie Sich-Entscheiden für das sittlich Gute. Vgl. Nr. 115 (»Prinzip der Fülle«), Nr. 75. 79. 87.

Sie war im Erdenleben nicht eine Himmlisch-Vollkommene, die uns für unser Erdenleben nichts Weg-Weisendes zu bieten hätte. So himmlisch ihr irdisches Leben anmutete, sie war doch ganz, wie wir, eine Glaubende. Sie lebte aus dem Glauben, nicht in der klaren und alles klärenden Schau Gottes. Geheimnisse blieben auch für sie Geheimnisse, und das Glauben blieb auch für sie eine täglich neu zu lösende Aufgabe. Sie erfuhr an sich, wie das Evangelium ausweist, die Last und Not des Glaubens, aber auch seine beseligende Kraft. Als Erdenpilgerin wandelte auch sie im Halbdunkel des Glaubens, doch aus freier Entscheidung ging sie, von Gottes guter Hand gehalten, ohne Abweichung den Weg des Guten. Unter dem Antrieb des Heiligen Geistes war und wurde sie immer mehr die glaubende und gehorchende Magd des Herrn bis hin zum Kreuzestod Jesu. Gerade deshalb kann sie für unsere Lebensführung ein zugkräftiges Vorbild sein für alle.

34. Die Heiligung im Mutterleib geht auf zweifache Weise gegen die Erbsünde an: *Einmal* gegen die ererbte Ungerechtigkeit selber, gegen jenen Mangel der gottgeschenkten daseinsollenden Urgerechtigkeit aus heiligender Gnade, der in der vorgeburtlichen Heiligung wie durch das Taufsakrament behoben wird durch »die Gerechtigkeit Christi«. *Zweitens* wurde — anders als durch die Taufe — auch die ungeordnete, aus der Erbschuld stammende Begehrlichkeit soweit stillgelegt, daß sie nicht zu einer schweren Sünde treiben konnte — bei Jeremia und Johannes —, bei Maria nicht einmal zu einer läßlichen. Vgl. Nr. 33. De incarn. (Ed. Col.t.26 p.184 v. 70—81).

35. Es gibt ein Können aus (Trieb-)Neigung und ein Können aus freier Willensentscheidung. Dem *Sündigen-Können* aus niederer Neigung war Maria nicht ausgesetzt, obschon auch in ihr die Natur ihre Forderungen anmeldete und es auch in ihr Spannungen gab, die sie aber sieghaft löste. — Vgl.

Nr. 178. — Wenn also auch von unten her keine Gefahr des Abgleitens in Sündhaftes aufkam, die *freie Wahl und Entscheidung* zwischen Gut und Bös mußte auch sie von Fall zu Fall treffen. Super III Sent.d.3 a.24 solutio (B.28,62a).

a. Schon in der vorgeburtlichen Heiligung war sie tief in das Gnadenleben hineingenommen, so daß sie ein innerlich geordneter Mensch war, und, vom »Geheimnis dauernder Beistandsgnaden« getragen, kam sie nicht in Gefahr, sich Gott durch Sündigen zu versagen, und in der Wahlfreiheit war sie durch Gottes Schutz und Führung unwandelbar auf das sittlich Gute ausgerichtet. — Vgl. Nr. 34 und 35.

b. Sie hatte schon am Anfang ihres Lebens durch Gottes Gnade das erreicht, was wir anderen Menschen unser Leben lang mit Gottes Hilfe anzustreben haben — auch von ihrem Beispiel ermutigt — und erst im Zustand der Vollendung durch Gottes Barmherzigkeit zu erlangen hoffen.

c. Die Heiligung Marias ist zu sehen im Zusammenhang mit der Gottesmutterschaft. Die Gottesmutterschaft, in sich eine Dienstgnade (gratia gratis data), wie das Prophetenamt, ist aber zugleich auch eine »Gratia consecrans« (M. J. Scheeben), das heißt: Sie schließt eine ganz besondere, nur einmal mögliche Nahestellung zu Christus, dem Heilsmittler, ein, schafft die Bereitschaft zum Erlangen heiligender Gnade und vermittelt deren Empfang. Die Heiligung Marias enthält einen Bezug auf die Gottesmutterschaft; denn geheiligt wird ein Mensch — ob Jeremia oder Johannes oder Maria — zum persönlichen

Heil wegen eines speziellen Dienstes am Heilsgeschehen. Diese Tatsachenordnung gilt auch umgekehrt, von der Zielordnung; die Gottesmutterschaft als Ziel steht in Beziehung zu der außerordentlichen Heiligung, die ihr entspricht. Der Grund für die vorgeburtliche Heiligung ist also eine besondere Christusbezogenheit, bei Maria letztlich die Gottesmutterschaft. Vgl. Nr. 22—24. Sie war und ist dem Geheimnis Christi verbunden, das sich in der Kirche Christi fortsetzt.
Dieser Zusammenhang hat einen feinen Ausdruck gefunden in einem Marienlob des niederländischen Dichters Ludwig van Velthem (14. Jahrhundert), besonders auf das Seelische bezogen: »Schön mußtest du sein, denn Der, welcher in dir wohnte, bildete dich für sich.«

36. An welchem Tag und zu welcher Stunde Maria im Mutterschoß geheiligt wurde, weiß ohne Offenbarung kein Mensch. Nur läßt sich sagen: Wahrscheinlicher ist, daß sie nicht erst nach langem Aufschub begnadet wurde, sondern bald nach der Beseelung — »cito post animationem« —, bald *nach dem Abschluß* ihrer (passiven) Empfängnis. — Super III Sent.d.3 a.5 solutio (B.28,48b).
Die vorgeburtliche Heiligung Marias verlegte Albert allerdings nicht in den Augenblick der (passiven) Empfängnis Marias. Die Zeit war noch nicht reif für die Erkenntnis der Wahrheit von der unbefleckten Empfängnis. Als im 12. Jahrhundert, zuerst in England und Irland, ein Fest der »unbefleckten Empfängnis« begangen wurde, hielt die Kirche von Rom sich lange Zeit zurück, und Bernhard von Clairvaux und die großen Theologen in der

ersten Hälfte des 13. Jahrhunderts in Paris machten diese noch ungeklärte Bewegung nicht mit. So lehnte auch Albert die in den Augenblick der Empfängnis Marias verlegte Heiligung energisch ab, freilich nur in der Form, wie sie damals von einer wenig erleuchteten Frömmigkeit entwickelt worden war, wobei die Allgemeinheit der Erbschuld, der Erlösungsbedürftigkeit und der Erlösung und somit die Ehre des Erlösers nicht gebührend beachtet worden war. Er war also nicht gegen das (damals noch nicht als solches erkannte) Dogma von der unbefleckten Empfängnis, nur gegen die Lehre in der Form, wie er sie vorfand.

Seine theologische Haltung und Lehre hat jedoch zum Fortschritt der Erkenntnis jener Wahrheit von der erbschuldfreien Empfängnis Marias bedeutend beigetragen, nun aber unter voller Wahrung der Ehre des Erlösers. Wie er es sah, war das Kind Maria nicht nur der Erbschuld verhaftet (debitum), sondern für kurze Zeit davon sogar befallen wie alle Adamskinder, also erlösungsbedürftig wie alle, dann aber »bald nach der Beseelung« — seine beiden Schüler Ulrich von Straßburg und Thomas von Aquino deuteten das »bald« (cito) als »sofort« (statim) — im Hinblick auf die Verdienste des Erlösers ganz herrlich erlöst.

Obwohl also die unbefleckte Empfängnis Marias in seiner schriftlich niedergelegten Lehre keinen Platz hat, liegt sie doch vollständig in der Richtung seines hohen Denkens über die Heiligung Marias, ähnlich wie bei den Kirchenvätern Ambrosius und Augustinus[12].

37. Wie Augustinus sagt, wird die Erbsünde übertragen durch die mit der Wunde der Verbogenheit behaftete Fortpflanzung des Menschengeschlechtes. Dieser Verwundung durfte Der nicht unterliegen, der gekommen ist, um sie zu heilen. Darum mußte Jesus von einer *Jungfrau* geboren werden. — De incarn. (Ed.Col.t.26 p.179 v.712).

Hier erscheint die Stellung Alberts zur unbefleckten Empfängnis Marias auch bedingt durch die seit der Zeit der Kirchenväter um Christi willen vorgenommene Verknüpfung von erbsündefreier Empfängnis mit der Empfängnis durch eine Jungfrau. Daher konnte ihm oder mußte ihm beim Gedanken an die Eltern Marias — nach der Legende Joachim und Anna — unter dem Einfluß der Auffassung des Augustinus von der Fortpflanzung der Erbsünde eine Begnadung Marias und der damit gegebenen Tilgung der Erbschuld sogleich mit der Empfängnis fernliegen.

Der Abschnitt über die Übertragung der Erbsünde steht in einem der ältesten Werke des Albertus. Zehn Jahre später aber — Super III Sententiarum — begegnen bei ihm einige Elemente für die in der Zeit nach ihm von Franziskanertheologen, von Wilhelm von Ware (+ unbekannt) und von dem Schotten Iohannes Duns Scotus (+ 1308 in Köln) herausgearbeiteten Lösung, z. B. ein nicht-zeitlich ausgedehntes, rein begriffliches Nacheinander[12a], das für die Erkenntnis der Wahrheit von der unbefleckten Empfängnis Marias notwendig ist; ebenfalls die Anselmianische Begriffsbestimmung der Erbsünde neben der materiell-massiven Umschreibung durch Augustinus.

Öfters zieht Albert auch zwei berühmte Texte heran — je einen von Augustinus und Anselm von Canterbury —,

die etwas später, um 1300, als einzige zugunsten der unbefleckten Empfängnis Marias von den beiden führenden Franziskanertheologen geltend gemacht wurden.
Immerhin erkennt Albert — im Unterschied von anderen Theologen — die Möglichkeit einer unbefleckten Empfängnis Marias an[13], da Gott ja die Macht besitze, die künftige Gottesmutter vor der Ansteckung durch die Erbsünde zu bewahren. Damit stand er schon ganz nahe beim Offenbarungscharakter der unbefleckten Empfängnis.
Doch den letzten kurzen Schritt von diesen Voraussetzungen aus hat Albert nicht getan. Er sah nämlich nicht, daß die Allgemeinheit der Erbsünde, der Erlösungsbedürftigkeit und der Erlösung, also die Ehre des Erlösers, auch dann voll gewahrt bleibt, wenn das Kind Maria im Mutterschoß der ererbten Schuld, wie alle Nachkommen der Stammeltern, verhaftet *blieb (debitum), ohne mit ihr* tatsächlich *belastet zu sein, wenn sie also im Hinblick auf die Verdienste des Erlösers, wie das Dogma sagt, durch Gott bewahrt, das heißt: vorerlöst worden ist. Das hält Duns Scotus für die vollkommenste Art der Erlösung, und es sei darum angemessen, daß Christus seine Mutter auf diese einzigartige Weise erlöste* (Ludwig Ott).

III. Im Leben bewährt

38. Maria ist wie das Haus, »für das die Weisheit sieben Säulen behauen hat« (Spr 9,1), das heißt: mit den sogenannten sieben Gaben des Heiligen Geistes gestützt und befestigt hat. — De nat.boni (Ed.Col.t.25,1 p.79 v.17). —
Der Heilige Geist hat über sein Wirken bei der Empfängnis Christi hinaus die Jungfrau von Nazareth vorbereitet, geheiligt und mit Gaben verschiedener Art zur Höhe ihrer Bestimmung geleitet, dem Sohne Gottes die Mutter zu sein für sein menschliches Leben. Schon die vorgeburtliche Heiligung faßt Albert stark positiv, nicht nur als Befreiung von Unheiligem, sondern als Begnadung und Ausstattung mit Tugendkräften mitsamt den Tugendhilfen in den Geistgaben[14]. *Die ihr aufgetragene leibliche Mutterschaft wurde gemäß Mk 3,31.35 durch die wesentlich höhere geistige Haltung von innen heraus erfüllt. Ihr großer Glaube, zu dem auch Demut und Reinheit, Verfügbarkeit und Hingabe gehören, führte ihr freies Jawort zur Empfängnis Christi herbei.*
Nicht in der biologischen Mutterschaft als solcher liegt ihre Größe begründet, diese hat vielmehr ein doppeltes Fundament: den Glauben Marias und — noch tiefer — den ewigen Ratschluß Gottes, der sein besonderes Wohlgefallen auf sie gelegt (Lk 1,28.30) und Großes an ihr getan hat (Lk 1,49) (René Laurentin).
Mutter war sie dem Herrn mehr dem Geiste nach, nämlich in der Hingabe des Herzens, als dem Leibe nach. Damit wird die echte Mutterschaft Marias keineswegs abgewertet. Sie war die wirkliche Mutter Jesu — »verissime

et verissima«, schreibt Albert —, *und das ist für die Tatsache unserer Erlösung von größter Bedeutung. Nur dann sind wir wirklich erlöst, wenn Jesus wahrhaft Mensch ist und Maria eine echtmenschliche Mutter.*

Das Evangelium stellt ganz betont solche Ereignisse heraus, wo der Glaube Marias auf den Prüfstand gestellt wurde und sich bewähren mußte: Lk 1,28—29: der Ruf Gottes an sie; Mt 1,18—19: Josefs Konflikt; Lk 2,4—7: Geburt des Gottessohnes in äußerster Armut; Mt 2,13—14: Flucht nach Ägypten; Lk 2,35: das von Simeon geweissagte Schwert; Lk 2,41—50: der zwölfjährige Jesus im Tempel; Mk 3,31—35: der ihr oft rätselhaft erscheinende Weg ihres Sohnes; Mk 6,3: Verachtung Jesu wegen niederer Herkunft; die vielen Anfeindungen und Verfolgungen Jesu; Joh 19,25: unter dem Kreuz Jesu.

Was für quälende Fragen mögen der Mutter Jesu bei diesen Vorgängen — über die Widerwärtigkeiten des Alltags hinaus — aufgestiegen sein. Aber Gott, der durch seinen Geist den Glauben schenkt, läßt keinen Glaubenden allein, wenn es um Anfechtungen und Bewährung des Glaubens geht. Es ist nur billig und recht anzunehmen, daß der Heilige Geist, durch den die Jungfrau von Nazareth in den Dienst am Erlöser gestellt worden war, in solchen Ernstfällen des Glaubens ihr mit seinem Licht und seiner Liebe den reinen, großen, nie-versagenden Glauben schenkte (vgl. Eph 1,19). Ihr wurde in besonderem Maß »die Gnade zuteil, für Christus da zu sein, also nicht nur an ihn zu glauben, sondern seinetwegen auch zu leiden« (Phil 1,29), so daß sie »ein Vorbild für alle Gläubigen« (1 Thess 1,7) werden konnte.

In dieser Glaubenshingabe hatte sie immer schon die freudvolle Gewißheit, daß sie mit lebendiger Anteilnahme in Gottes Willen und Wohlgefallen stand und daß Gott Vertrauen mit Vertrauen beantwortet. Ihre Glaubenshingabe hat auch — mit und nach der Verkörperung des Willens Gottes in Jesus, der ja »der Mensch der absoluten Hingabe« ist (Karl Rahner) *— für uns den höchsten Vorbildwert. Maria im Lichte Christi steht vor uns als die menschliche Person, in der sich die fruchtbare Verbindung von Gottes Gnade mit der demütigen Offenheit und Empfänglichkeit des Geschöpfes vollzog, das in der Kraft eben dieser Gnade mitwirkt zum eigenen Heil.*
Mit Ostern schließlich erfuhr dann ihr Glaube einen neuen, noch beseligenderen Aufschwung. Die Auferstehung Christi, die Herabkunft des verheißenen Heiligen Geistes haben ihr liebendes Verständnis für die Heilsaufgabe ihres Sohnes zu einer Höhe emporgeführt, die sonst keinem Erdenpilger zugänglich ist. Ihr Glaube gelangte auf einen Gipfel, der das Irdische immer mehr für sie verblassen ließ und sie völlig reif machte für die vollkommene Lebensgemeinschaft der seligen Ewigkeit mit Gott, in der endgültigen, unverlierbaren Verklärung des ganzen lebendigen Menschen.

39. Betrachten wir Christus als den mit Gott geeinten Menschen, so steht seine Heiligungsgnade unmittelbar in Verbindung mit dem Unendlich-Guten, und sofern er mit ihm im Personsein geeint ist, kann nichts dem Unendlich-Guten näher kommen. Darum kann die Gnade Christi nicht wachsen und er nicht noch besser werden. Das aber bedeutet,

daß ihm der Geist ohne Maß gegeben ist[15]. — Super I Sent.d.44 a.5 qla 2 (B.26,397b). Vgl.Alb., Super Matth.11,3 (Ed.Col.t.21,1 p.347 v.39—40): Er hat den Geist nicht nach (einem bestimmten) Maß empfangen (»non ad mensuram«). — Ein dem Albertus geläufiges Bibelwort.

40. »Der Geist des Herrn« kann verstanden werden als der Geist, der Gott ist (Joh 4,24) ..., oder als der Geist, der von Gott-Vater und von Gott-Sohn ausgeht, die *der eine Herr* sind. Diesen Geist hat Jesus ohne Maß empfangen, damit er ihn allen mitteile, Joh 3,34: »Denn er gibt den Geist unbegrenzt«. — Super Is.11,2 (Ed.Col.t.19 p.167 v.72—81). —

41. Es gibt Heiliges, das sich auf das heilige *Leben* bezieht, und auf diesem Gebiet war im Erdenleben kein Mensch vollkommen außer Jesus Christus und seine Mutter. Anderes Heilige betrifft die *hierarchische Vollmacht* ... Super Dion.De eccl.hier.c.1 §5 dubium (B.14,488b). —
Das Ideal der christlichen Vollkommenheit gibt es als erreichte Wirklichkeit normalerweise nur im Endzustand der Vollendung, nicht schon im Zustand der Pilgerschaft. Ausnahmen davon bilden Jesus und seine Mutter Maria.
Bei Lobeserhebungen nennt Albert häufig Jesus und Maria in einem Atemzug, niemals aber im gleichen Sinn. Oft unterstreicht er auch sogar ausdrücklich und deutlich den Unterschied: Jesus ist der Heilige, Maria die Geheiligte, weil aus Nicht-Heiligem heilig gemacht; von Jesus wird die Heiligkeit ausgesagt »In ihm ist alle Heiligkeit«: De incarn.(Ed.Col.t.26 p.186 v.5) —, von Maria die

Heiligung; die Gnade Christi und die Fürbitte (suffragium) Marias Nr. 156 — sind unsere Rettung; Jesus besaß den Heiligen Geist unbegrenzt, ohne Maß, »sine mensura«, Maria als Mutter Jesu in überragendem Maß, »secundum excellentem mensuram«.
Schließlich ist hier von Maria nur die Rede beim heilig geführten Leben, nicht von irgendeiner hierarchischen Vollmacht.

42. So sehr, wie es noch keinem Menschen geschehen ist, ruhte der Geist in Jesus und seiner Mutter Maria, ohne Unordnung und ohne Unrast. — Super Is. 11,2 (Ed.Col.t.19 p.167 v.20—28). — Vgl. oben Nr. 32a.41.
Albert unterstreicht hier das Zeitwort »ruhte« und »ohne Unordnung und ohne Unrast«, als wolle er sagen, daß auf Maria zutrifft, sie habe den Heiligen Geist nicht beleidigt (Eph 4,30) und nicht ausgelöscht (1 Thess 5,19). — Der Heilige Geist hatte sie mit seinen Gaben für immer gelehrig, gefügig, gehorsam gemacht gegenüber seinen Einsprechungen.

43. Ob unter »Geist« (Joh 4,24) der Dreieinige Gott zu verstehen ist oder die dritte Person in der Gottheit, immer treten die »Proprietäten«, das heißt die auszeichnenden Eigentümlichkeiten des Heiligen Geistes in Erscheinung. Es sind deren dreizehn ..., und nicht eine fehlt dem Sohne Gottes in der Menschwerdung, vielmehr bereitete der Geist mit aller Sorgfalt den Leib für Den, von dem er es hat, daß er Gott und Geist ist; er geht ja vom Vater und vom Sohne aus. Er ist also der *Geist Christi*, und

Christi Leben stand von allem Anfang an immer unter seiner ganz speziellen Führung. — Super Luc.1,35 (B.22,94a—96a). — Vgl. Nr. 56.
Ähnlich gnädig nahm sich der Heilige Geist, der »Vivificator« (Meß-Credo, griechisch), auch des Lebens der Mutter Christi an. Es verläuft von Anfang an — schon im Mutterleib — unter dem licht- und liebevollen Wirken des Heiligen Geistes, es ist einzigartig geprägt von dem »magnificus largitor donorum«, dem freigebigen Spender der Gottesgeschenke (p.94a). Vgl. Nr. 74.

44. Unvergleichlich stärker als die beschaulich lebende Maria von Bethanien und andere hatte die selige Jungfrau das offene Ohr für die Eingebungen des Heiligen Geistes. Super Luc.10,39 (B.23,81b).

45. Mit ihren Gedanken ist sie am liebsten beim Dreieinigen Gott und bei der Weisheit seiner Wege; sie sucht den Willen Gottes in allem zu erforschen und bedenkt die Ratschlüsse Gottes; sie ist bestrebt — im Bibelverständnis durch den Heiligen Geist unterwiesen (oben Nr. 10) —, den geheimnisvollen Sinn der Schrift und die Tiefe der Glaubenswahrheit zu erfassen, und so findet sie auch die Normen für ihr Verhalten jedem Mitmenschen gegenüber. De nat.boni (Ed.Col.t.25,1 p.55 v.36—4544). —
Der Heilige Geist ist es, der das Gotteswort der Schrift erschließt und zum Leuchten bringt, und wenn der Glaubende bei der Schriftlesung — gelehrig, gefügig, gehorsam, nach dem Beispiel der Braut des Heiligen Geistes — die Wahrheit Gottes sucht, dann wird ihm Einsicht ge-

schenkt und Absicherung gegen Irrlehren, die ja auch alle sich auf die Bibel berufen.

46. Der Gottesgeist teilt sich in seinen Gaben dem Menschengeist mit, und dann sagt der Mensch Lob und Dank vor Gott, und für den Nächsten hat er Worte der Ermutigung, des Glückwunsches und der Tröstung, je nachdem der Geist selber des Menschen Herz und Zunge lenkt. — De nat.boni (p.63 v. 77—82).

47. »Stark wie der Tod ist die Liebe« (Hld 8,6), die nichts anderes im Herzen der Jungfrau Maria verweilen ließ als den Geliebten. Ihr Geliebter war ihrem Herzen wie ein Siegel tief eingeprägt. — Super Luc.1,34 (B.22,92a).
Ihr Geliebter ist ihr Sohn und ihr Gott in einem, so daß ihre Mutterliebe und ihre Gottesliebe zu einer Kraft des Herzens zusammenströmen.

48. Unter dem Hauch des Gottesgeistes gedeiht prächtig das Tugendleben und das sittlich-gute Handeln des Menschen. Darauf läßt sich Psalm 147,18 anwenden: »Er läßt den Wind wehen, dann rieseln die Wasser«. — De nat.boni (Ed.Col.t.25,1 p.71 v.42—45).

49. »Wie die Augen der Magd auf die Hand ihrer Herrin schauen« (Ps 123,2), um nicht erst einem Befehl, sondern schon einem Wunsch zu folgen, so waren die Augen Marias auf Gott gerichtet, um vollkommen seinen Willen zu erkennen und zu tun. Das hätte sie jedoch nicht fertiggebracht, wäre nicht

Gott mit seiner helfenden Gnade in ihr am Werk gewesen[16]. — De nat.boni (p.64 v.87—92).

50. Mit allem Denken, Tun und aller Freude verweilte sie beständig im Evangelium. — De nat.boni (p.55 v.84—85). —
Bei »Evangelium« ist zu denken an die Geheimnisse des Lebens Jesu in ihrem Ablauf, nicht in der Niederschrift (Empfängnis Christi, Besuch bei Elisabeth, Geburt, Erscheinung, Darstellung im Tempel, der zwölfjährige Jesus im Tempel, Hochzeit zu Kana, öffentliches Leben mit der Gemeinschaft der Jünger und Jüngerinnen, mit der Predigt und dem Wunderwirken, mit den feindseligen Anfragen und Anschuldigungen seiner Gegner, mit der Freundschaft mit Lazarus und dessen Schwestern, Passion, Auferstehung, Himmelfahrt).Vgl. Lk 2,19: »Maria bewahrte alles, was geschehen war, in ihrem Herzen und dachte darüber nach.« Lk 2,51: »Seine Mutter bewahrte alles, was geschehen war, in ihrem Herzen.« — Vgl. Nr. 173.

51. Im Herzen der Jungfrau bestand eine Verschwisterung («sororitas») von Martha und Maria, das heißt: zwischen den Formen des tätigen und des beschaulichen Lebens.Super Luc.10,39 (B.23,78b). -
Weder das beschauliche noch das tätige Leben stellt ein Ideal für alle dar, vielmehr muß jeder Mensch entsprechend den Forderungen und Möglichkeiten der Stunde auf beiden Wegen Gott suchen. Albert schätzt nun die Beschauung sehr hoch, behält aber doch die Lebensnotwendigkeiten und die Menschen in den verschiedenen Ständen, Berufen und Situationen im Blick, und so findet er,

Maria habe nach Gottes Willen je das tätige oder das beschauliche Leben in vollkommener Weise gepflegt. Aktion und Kontemplation waren in ihr verschwistert.
So gern Albert sich Maria als betende Jungfrau vorstellt, wie sie, kraft der Gabe der Weisheit in Gott versunken, seine Herrlichkeit preist und um das Kommen des Messias fleht[17], so denkt er doch durchaus nicht nur an ein zurückgezogenes Leben der Jungfrau, er schaut sie in der richtigen Mischform, je nach der Forderung der Stunde in der Anbetung vor Gott oder im Dienst am Nächsten: Maria und Martha in einem. Mehrmals nennt er sie — mit Hieronymus — »Quaestuaria« Hand-Arbeiterin, die für das Essen (»victus«) sorgte, also Hausfrau. — Super Luc. 2,24 (B.22,230b); 4,22 (B.22,332a), so schon im Traktat De nat.boni und Super Marc. — Vgl. Nr. 53.57.62.

52. Von Gottes- und Nächstenliebe gedrängt, zog sie Gottes Wohlgefallen auf sich herab, und für den Nächsten betete sie vor allem um die verheißene Erlösung. — Super Luc. 10,39 (B.23,83a).

53. Gerade weil ihr das Heil der Menschen so sehr am Herzen lag, war sie mit aller Anteilnahme und Sorgfalt darauf aus, aller Not des Nächsten abzuhelfen... Jene ganz in Anspruch genommene Martha ist die selige Jungfrau, die immer da war und niemals fern war, wenn jemand Hilfe nötig hatte, Spr 31,20: »Sie öffnet ihre Hand dem Bedürftigen...«. Super Luc.10,39 (p.85a). Vgl. Nr.51.

54. Ihr ganzes Helfen galt dem Aufbau der Gemeinde Christi, das heißt: der Kirche, und darum unterbrach sie sogar mehr als einmal die Ruhe der delikaten Beschauung. — Super Luc.10,40 (p.84a). *Vorübergehend verließ sie mitunter Gott selbst, um Gott im Nächsten zu dienen.* — *Vgl. Nr. 64.*

55. Die den Sohn Gottes empfangen und geboren hatte, spielte sich nicht als Herrin auf, gab sich vielmehr als hingebungsvolle Dienerin. — Super Luc.10,40 (p.85a).

56. Güte und Liebe und ähnliche Kräfte sind Gaben, die dem Heiligen Geist - wegen der Verwandtschaft mit seinen »Proprietäten« in Gott — sich zueignen lassen, wie die Gaben der Weisheit, der Einsicht und des Rates dem Sohne Gottes, der in Gott die Weisheit des Vaters ist. De incarn. (Ed.Col.t.26 p.174 v.1—5). — Vgl. oben Nr. 43.

57. In der seligen Jungfrau sehen wir auch Beispiele der *Menschenfreundlichkeit* — »humanitatis exempla« —, z.B. auf der Hochzeit zu Kana (Joh 2,1—12), wo sie, als der Wein ausgegangen war, sich vertrauensvoll und erhörungsgewiß mit der Bitte um Abhilfe an ihren Sohn wandte und so den Gastgebern, die sie wie auch Jesus mit seinen Jüngern eingeladen hatten, aus einer peinlichen Verlegenheit verhalf. — De nat.boni (Ed.Col.t.25,1 p.72 v.20—23).

58. Die siebte Gabe des Heiligen Geistes ist die *Weisheit*, womit Maria den wonnevollen Geschmack des Gottesgeistes in der höchsten Gabe so sehr verko-

stete, daß aller sinnfällige Trost von Menschen und Dingen auf sie keinen Reiz ausübten. — De nat.boni (p.45 v.13—15). —
Hier und in den folgenden vier Texten handelt es sich um die zur rein-menschlichen Weisheit durch den Heiligen Geist hinzugeschenkte Weisheit und Einsicht.

59. Gemeint ist hier jene Weisheit, die nicht durch Unterricht zu haben ist, sondern durch eine innere Erleuchtung (Lk 21,15)[18]. Denn sie gibt einen Wohlgeschmack ins Herz (»saporem«), Schmackhaftigkeit (»sapiditatem«) in den Mund und eine ganz süße (»suavissimum«) Frucht bei jedem guten Tun. Super Is.11,2, (Ed.Col.t.19 p.168 v. 50—55).

60. Zwei Schwestern gibt es — Martha und Maria von Bethanien (Lk 10,38—40) —, nämlich jene eine Weisheit, die durch den angenehmen Geschmack der *Güte* Gottes das *tätige* Leben beseelt, und jene andere Weisheit, die durch die strahlende *Wahrheit* Gottes das *beschauliche* Leben prägt.
Der Name »Weisheit« umfaßt nämlich eine Zweiheit: eine mit Geschmack = Urteilskraft (Klugheit) versehen, eine andere mit Geschmack an Erhabenem. Die erste hält die Leidenschaften und Taten im Lot und wird deshalb »tätig« oder »praktisch« genannt. Die andere erleuchtet den Verstand, entfacht das Gemüt zu Gott hin, spendet Freude am Göttlichen; sie heißt auf Latein »contemplativa«, auf Griechisch »theorica«. Die erste untersteht der Leitung der Klugheit, die ja aktiv ist; die andere wird geführt von der Weisheit; sie gibt sich der Betrachtung

der göttlichen Geheimnisse hin, die wir zweckfrei um ihrer selbst willen zu erkennen wünschen. Das tätige Leben ist wegen der Sorgfalt beim Wirken (»propter diligentiam operis«) auf die Finger (»digiti«) angewiesen, die Weisheit aber für die Beschauung auf die vom Herzen ausgehende und begleitete Verstandeserkenntnis. — Super Luc. 10,39 (B. 23,79a). —

Die Klugheit, deren Traktat Albert bedeutsam weiterentwickelt hat, ist die eine Kardinaltugend im Verstand, die im ganzen sittlichen Leben und im menschlichen (natürlichen) Glück die führende Rolle spielt und die Lenkerin (auriga) der drei sittlichen Kardinaltugenden ist (Gerechtigkeit, Maß, Tapferkeit). Die Weisheit lebt von dem eingestrahlten Licht Gottes und gewährt überirdische Freuden.

61. Der Genuß von Wonne im Gemüt, die Erfahrung des Kontaktes mit dem ersehnten beglückenden Gut, die vertiefte Bewunderung vor der höchsten Wahrheit erzeugen in uns ein Licht, das leuchtet im Verstand, sich ins Herz ergießt und wahrgenommen wird im Gewissen: das ist Weisheit im eigentlichen (nicht-philosophischen, sondern christlichen) Sinn. Deshalb kommt der Name »Weisheit« (»sapientia«) sowohl vom Geschmack (»sapor«) wie vom Schmecken (»sapere«) des Göttlichen. — Super Is. 11,3 (Ed. Colon. t. 19 p. 168 v. 39—44).

62. Hld 5,12: »Seine Augen sind wie Tauben an Wasserbächen.« Die Augen der seligen Jungfrau sind zwei Sehvermögen kraft der Weisheit: Das eine

durch die mit der Erfahrung der Güte Gottes angereicherte Lebensweisheit, das andere durch die von Liebe geleitete Einsicht in die dargebotene Wahrheit. — Super Luc.10,39 (B.23,81a). — Diese doppelte Sicht von der Weisheit formt durch das Schmecken der Güte Gottes das aktive Leben, durch die Klarheit der Wahrheit das kontemplative Leben (p.79a).

Der Heilige Geist schenkte der Jungfrau Maria die Gabe der Einsicht und der Weisheit in höherem und immer noch weiter gesteigertem Grad, so daß sie das Geglaubte sogar auch erfahrungsmäßig erfaßte.

63. Es wird angenommen, Maria habe als die erste die Weihegabe der *Jungfräulichkeit* Gott dargebracht (Vgl. Nr. 77.78) und als die erste auf Besitz verzichtet. Sie wagte es, in Armut als arme, ihrem noch nicht geborenen armen Sohn nachzufolgen. Dafür scheint zu sprechen, daß sie später von dem Gold der Sterndeuter aus dem Osten (Mt 2,11) am Tag der vorgeschriebenen Reinigung nichts zurückbehalten hatte, da sie ja für ihren lieben Sohn nicht das Opfer der Reichen, sondern der Armen dargebracht haben soll (Lk 2,24). — De nat.boni (Ed.Col.t.25,1 p.63 v. 9—16).

Daß Maria das Gelübde *der Ehelosigkeit abgelegt habe, wurde besonders von Bischof Augustinus vertreten. — Vgl. Nr. 5. —*

Das seit dem 11. Jahrhundert gepriesene Armutsideal, eigentlich: »Nudus nudum Christum sequi« = »Als Nackter dem nackten Jesus folgen« - der Ausdruck geht ur-

sprünglich auf den Kirchenvater Hieronymus zurück — entsprach sonderlich der aszetischen Einstellung des Albertus, von dem bekannt ist, daß er als Oberer der deutschen Dominikanerprovinz sehr streng auf die klösterliche Armut hielt und selber auf seinen vielen Wanderungen zu Fuß ging (weshalb er auch den Spitznamen »der Bundschuh« bekam). Auch an Hildegard von Bingen (+ 1179) wird in einem Brief gerühmt, sie »ahme des armen Christus Armut nach«.
Was den Besitz betrifft, sieht also Albert in Maria die neuerdings verbreitete Parole verwirklicht: »Anders leben«.

64. Der Name »Martha« bedeutet soviel wie »die Herausfordernde« und paßt gut zu jenen Menschen, die im aktiven Leben stehen und durch ihr Wirken viele zum Besseren herausfordern, wie Paulus sagt (1 Kor 14,12): »Da ihr nach Geistesgaben strebt, gebt euch Mühe, daß ihr damit vor allem zum Aufbau der kirchlichen Gemeinde beitragt...«. So fordert Martha durch ihren Einsatz und ihr Wohltun andere heraus, aus ihrem Leben etwas Gutes zu machen für andere. Das aber gilt besonders von der Jungfrau-Mutter Maria, die durch ihr wirksames Beispiel für viele Frauen eine Herausforderung zum Guten und Besseren war und ist. — Super Luc.10,40 (B.23,83b84a). — Vgl. Nr.54.

65. Der Sohn Gottes, »der ungetrübte Spiegel von Gottes Kraft und das Bild seiner Vollkommenheit« (Weish 7,26), hat sich die selige Jungfrau als Mutter erwählt. — Super Luc.1,49 (B.22,133b). —

Das erinnert an ein anderes Wort Alberts, das besagt, Jesus habe Maria zu einem einzigartigen Abbild jenes Wunders machen wollen, das er selber ist. — Vgl. oben Nr. 41. — Das Wunder, das die Mutter ist, sollte dem Wunder, das der Sohn ist, soweit wie möglich angenähert werden. — Super Luc.1,27 (B.22,52b).

66. Ihr ist es durch Gnade gegeben, ein Weg zu sein, auf dem man nach ihrem Beispiel durch Bewährung der Liebe zu Jesus geht — »qua itur ad Iesum in merito per eius exempla ...«. De nat.boni (Ed.col.t.25,1 p.83 v.17—19). Vgl. Nr. 150.161.

67. Wenn wir ihr nachstreben wollen, müssen wir ihren Spuren folgen. — De nat.boni (p.83 v.40—41). — Vgl. Nr. 163.
Wie Maria dank der Führung durch den Heiligen Geist vor Gott für die Mitmenschen lebte, das sollen sich alle Christen zum Vorbild und als Sollvorstellung nehmen. Wer sie grüßt und ehrt, muß sein Wort mit seiner Lebensführung in Einklang bringen, so daß der Grüßende in etwa der Gegrüßten gleiche. Nachfolge Christi in seiner Liebe auch durch Nachahmung Marias. Vgl. Nr. 161.

68. Jesus und Maria haben manche privilegierte Vorzüge, in denen wir ihnen nicht folgen können, aber wir bewundern und preisen sie. — De nat.boni (p.96 v.94—p.97 v.2).

69. Die klugen Jungfrauen (Mt 25,1—13) halten ihr Leben nach dem Beispiel Marias von Unwürdigem frei, indem sie den Leib ihrem Geist unterordnen

und ihren Geist dem Heiligen Geist überlassen. Auf diesem Weg kommt nämlich der Heilige Geist in ihr Inneres und bildet in ihnen, ähnlich wie in Maria, das ewige Wort, Lk 1,35: »Der Heilige Geist wird über dich kommen...«. — Super Matth. 25,2 (Ed.Col.t.21,2 p.587 v.37—40). —

So wird von allen Glaubenden das ewige Wort empfangen und in ihnen geboren durch Aufgeschlossensein für das gnädige Heilstun Gottes, durch Bereitschaft zum Empfangen, durch Wachen und Warten auf das Walten des Heiligen Geistes.

Deutlich kommt hier wieder zum Ausdruck, daß der Glaube eine Art geistiger Mutterschaft, geistiger Gottesmutterschaft einschließt und daß Maria, die geistig und körperlich, das heißt durch vollkommenen Glauben und wirkliche Mutterschaft zur Geburt Christi beigetragen hat, auf einzigartige Weise das Wort Gottes aufnahm und ausführte und somit ein leuchtendes Vorbild für alles Empfangen des Heils ist. — Vgl. oben Nr. 11, Nr. 14.

IV. Geboren von der Jungfrau Maria

70. Von Jesse (Jes 11,1) stammt der Herr dem Fleisch nach ab, machtmäßig aber — »Jesse« bedeutet soviel wie Glut — geht sein Ursprung auf die göttliche Liebesglut des Geistes zurück. Denn empfangen ist er durch die Macht Gottes, nicht — im Unterschied von der gewöhnlichen Zeugung — durch ein Etwas vom Wesensbestand des Heiligen Geistes. — De nat.boni (Ed.Col.t.25,1 p.58 v.38—42). —
Durch geistig-göttliches Wirken des Heiligen Geistes ereignete sich die Empfängnis Christi in der Jungfrau Maria. — Vgl. Nr. 5.9.14. — Vgl. Nr. 93 Schlußsatz.

71. Gott war mit ihr[19] auch zum Überstieg über die Natur, so daß sie als Jungfrau Jesus empfangen und geboren hat, also vorher Jungfrau geblieben war und nach der Geburt als Jungfrau dem Neugeborenen durch Anbetung huldigte. — De nat.boni (p.64 v. 75—78).

72. Der beabsichtigte Zweck der Menschwerdung des Sohnes Gottes ist die Kundmachung der Güte Gottes, und der erste Beweggrund ist ebenfalls Gottes Güte. Deshalb wird das Geheimnis der Inkarnation besonders dem Heiligen Geist zugeeignet. — Super III Sent.d.4 a.1 solutio (B.28,76b). —
Die Menschwerdung des Sohnes Gottes zur Erlösung der Welt ist eine gemeinsame Tätigkeit der drei Personen in Gott in den außergöttlichen Bereich hinein. Besonders zugeeignet aber wird sie dem Heiligen Geist, den wir als

die Liebe in Gott glauben und anbeten. Als Tat der Allmacht und der Weisheit steht sie auch gerade je zum Vater und zum Sohn in Beziehung. Doch von ihrem Zweck und ersten Motiv her entspricht sie mehr der Person des Heiligen Geistes. — Die Empfängnis Christi ist höchste Güte, deshalb heißt er »empfangen durch den Heiligen Geist«. — De incarn. (Ed.Col.t.26 p.188 v.6—8). —
Durch Zueignung auf Grund der »Proprietäten« des Heiligen Geistes (siehe Nr. 43.56) geschah die Empfängnis Christi — gemäß dem Evangelium (Lk 1,35) — durch den Heiligen Geist.

73. Empfangen ist also Christus — in Zueignung — durch den Heiligen Geist. Er teilt ja die Gnadengeschenke an die Geschöpfe aus, und die Person in Gott nun, die den Menschen die Gottesgaben spendet, ist also auch der Spender jener Gnade, in der uns alle Gaben Gottes zugewendet werden, und das ist der Sohn Gottes nach seiner Zeugung in der Zeit, Christus Jesus, und in ihm ist auch die einmalige Gnade der Einigung. — De incarn. (Ed.Col.t.26 p.188 v.6—7, v.27—31). —
Die *Einigungsgnade* ist die bleibende Einigung der menschlichen Natur Christi mit dem Sohne Gottes in dessen Personsein, so daß ein und derselbe Gott und Mensch ist. Sie ist nicht — wie in den Nur-Geschöpfen — eine übernatürliche Qualität der Geistseele, wie einige Häretiker gotteslästerisch über Jesus gesprochen haben, es ist vielmehr das Sein Gottes und des Menschen im Menschen Jesus Christus. Wir sagen nämlich nicht, jener Mann

Jesus werde Gott genannt als ein gottgefälliger Mensch, sondern wir sagen von jenem wirklichen Menschen, daß er der wahre Sohn Gottes ist, nicht nur wegen der heiligmachenden Gnade, vielmehr wegen jener Gnade, die das Sein dieses Menschen eint mit dem Sein des Gottessohnes. Das ist nämlich — wie Augustinus sagt — ein Werk der Gnade, nicht der Natur, daß dieser Mensch vom Sohne Gottes in die Einheit der Person aufgenommen worden ist. De nat.boni (Ed.Col.t.25,1 p.75 v.59—70). — Vgl. Nr. 110.116.39.

74. In der Seele Marias hatte der Heilige Geist schon bei ihrer Heiligung im Mutterschoß gehandelt und sie mit der Kraft der Demut und des Glaubens ausgestattet. Als er aber nun ein zweites Mal auf Maria herabkam, um in ihr die Empfängnis Christi zu wirken (Lk 1,35), bezog er auch ihren Leib in sein erhabenes Wirken ein. Denn ohne seine unbegrenzte Macht hätte ihr Schoß und die ganze Welt das gewaltige Geheimnis nicht aufnehmen und nicht aushalten können. — Super Luc.1,35 (B.22, 96a—97b. 98a). — Vgl. Nr. 109.
Nicht die Tatsache allein, daß sie die Mutter Jesu ist, macht ihre Größe aus. Entscheidend ist, daß sie Gottes Wort bei der Verkündigung des Erlösers mit dem Herzen aufnahm und in aller Demut glaubte. Unter den wegen des Glaubens Gepriesenen steht sie an erster Stelle; niemand anders hatte nämlich eine solche Fülle der Glaubensbereitschaft aufzubringen, und niemand hat sie tatsächlich so vom Heiligen Geist geschenkt bekommen. Sie

war ja vorherbestimmt, dem Gottessohn die Mutter für sein Menschsein zu werden. Ihr allein wird in der Schrift bezeugt, wie es Elisabeth, vom Heiligen Geist erleuchtet, ausspricht: »Selig ist die, die geglaubt hat, daß das in Erfüllung gehen wird, was der Herr ihr sagen ließ« (Lk 1,45).
Es ist ja ein Grundgesetz der Heilsordnung: Die Worte des Heiles müssen im Glauben aufgenommen und im ganzen Verhalten und Tun verwirklicht werden. So wurde und war Maria unter dem Antrieb des Heiligen Geistes die immer glaubende Magd des Herrn. Das ist ausschließlich ihr Ehrentitel. — Vgl. Nr. 113.

75. Die aus Maria entnommene Empfängnismaterie[20] für den Leib Christi wurde im Erbstrom nicht gesondert von Geschlecht zu Geschlecht bis auf Maria weitergeleitet — wie früher einige Theologen meinten —, damit sie vor der Verstrickung in die Menschheitsschuld und ihre Folgen bewahrt bliebe. Zu diesem Zweck wurde das Blut Marias schon im Mutterleib mitgeweiht und mitgeheiligt und später, als der Heilige Geist auf sie herabkam (Lk 1,35), um die Empfängnis Christi zu bewirken, von der den Leib belastenden ungeordneten Begehrlichkeit (Konkupiszenz) *vollständig* befreit. Dadurch sollte das, was Christus von Maria anzunehmen sich gewürdigt hat, auch von dem letzten Rest des Sündhaften freigehalten werden. — Super III Sent.d.2 a.6 solutio (B.28,29a). — Vgl. Nr. 30.37.41.
Dieser Gedankengang ist zu verstehen von der augustinischen Theorie über das Wesen und die Fortpflanzung der

Erbsünde aus. Die von Adam als dem Stammvater her ererbte Schuld wird auf seine Nachkommen übertragen durch die Fortpflanzung des Menschengeschlechtes, und zwar über den Leib als den Träger der sündhaften Unordnung.

76. Staunenswert und ein wundervolles Geschehen ist es, daß das Wirken des Gottesgeistes, der überall da ist und nirgends fern ist, als in Maria umschlossen beschrieben wird, und daß ausschließlich er, kein Geschöpf, bei der Empfängnis Christi tätig ist. — Super Luc.1,35 (B.22,98a).

77. Als die erste hat Maria Gott den Zölibat (caelibatum) dargebracht... Lk 1,34: »Wie soll das geschehen, da ich keinen Mann erkenne«?, das heißt: ich habe mir vorgenommen (»propono«), keinen Mann zu erkennen. Sie ist wie »die Bundeslade im Tempel Gottes« (Offb 11,19), innen leuchtend vom Gold der Reinheit des Herzens, außen überzogen vom Glanz des jungfräulichen Leibes (Vgl.Ex 25,11). — Super Luc.10,38 (B.23,72a/b).

78. Das in aller Stille abgelegte Gelübde der Enthaltsamkeit, »die Blüte der Sittlichkeit«, hatte sie unter der Bedingung gemacht: »falls Gott es nicht anders bestimme«. Daß sie aber sich selbst und ihr Gelübde so der göttlichen Verfügung überließ, kam nicht aus fehlender Ernsthaftigkeit des Vorsatzes oder aus einer Versuchung, sondern von dem Stand der Heilsgeschichte (»status temporis«) und aus dem Glauben an die Verheißung und aus der

Demut Marias. Da nämlich erstens der Messias noch nicht geboren war, drängten alle ehrbaren jüdischen Frauen (»matronae«) in die Ehe, um auch in den Stammbaum Jesu eingefügt zu werden. Zweitens wußte Maria von Nazareth sich zum Hause Davids gehörend, wußte aber nicht, ob vielleicht gerade durch sie das Davidsgeschlecht bis zum verheißenen Sproß geführt werden sollte. Drittens »der Niedrigkeit der Magd« (Lk 1,48) sich tief bewußt, erwartete Maria von sich aus nichts Hohes für sich selber, wenn Gott, der die Demütigen erhöhen kann (Lk 1,52), es ihr nicht offenbaren und zusagen würde. Deshalb verließ sie sich ganz auf Gott, und zwar so, wie er sie haben wollte, entweder als ehelos Lebende oder als solche, die, wie die anderen Frauen des Alten Bundes, die Nachkommenschaft sichern sollte bis zum verheißenen Sproß (»propagatricem usque ad conceptum«). — De bono (Ed.col.t.28 p.171 v.15— 31). —

In dieser Hoffnung hat Maria in die Ehe eingewilligt. Daher das vor der Verkündigung unter Bedingung eingegangene Gelübde. Wobei Albert — wie andere Theologen — noch eine eigene Offenbarung für wahrscheinlich hielt darüber, daß auch Josef unter einem solchen Gelübde lebte[21]. Alles an dieser Ehe geschah eben unter der Inspiration des Heiligen Geistes, wie es der führende Franziskanertheologe Bonaventura (+ 1274) ausdrücklich feststellte: »Das ganze Geschehen in jener Ehe ging unter dem vertrauten Rat des Heiligen Geistes vor sich« (In IV Sent.d.30 q.2 concl., p.709a).

Das unter einer Bedingung, nicht absolut, abgelegte Gelübde schien also gerechtfertigt, setzte jedoch seine Ernsthaftigkeit und seinen Wert — gegenüber jenen, die aus religiösen Gründen ohne Vorbehalt der Ehe entsagen — nicht herab. — Vgl. Nr. 86.
Mithin läßt sich dem Vorwurf der Häretiker entgegenhalten, daß es nie ein werthaltigeres Leben in Ehelosigkeit oder einen höheren »Status« der Jungfräulichkeit gab als bei der glorreichen Jungfrau. — De bono (Ed.Col.t.28 p.171 v. 13—15).

79. Es ist ein Frevel (»impium«), nicht zuzugeben, daß die heilige Gottesgebärerin (»theotocos«) als reine Jungfrau lebte und daß sie die reinste von allen menschlichen Personen ist. Das Auszeichnende ihrer vollkommenen Reinheit liegt vornehmlich in vier Tatsachen.
Erstens in dem lebenslangen Freibleiben — um des Herrn willen — von persönlicher Sünde; wie Augustinus sagt[22]: »Wenn es sich um Sünden handelt, will ich die heilige Jungfrau Maria um der Ehre des Herrn willen auf keinen Fall in Erwähnung gezogen wissen«. Zweitens war sie immun gegen die zur Sünde reizende ungeordnete Begehrlichkeit. Drittens hielt sie die Reinheit der jungfräulichen Seele in sich lebendig in Gedanken, Worten und Werken und pflegte mit aller Sorgfalt die Tugend der Schamhaftigkeit als Sicherung der Keuschheit[23], sowie die erlesene Unschuld ihrer Unversehrtheit. Viertens war ihr für die Kraft des Herzens und für den Leib »das Geheimnis dauernder Gnade« ge-

schenkt, wodurch sie so sehr an Gott gegeben war, daß sie nicht einmal mit dem Gedanken liebäugelte, einem Mann in sinnlicher Liebe Zugang zur Wohnung des Herrn zu gestatten. — De bono (p.170 v.80 p.171 v.12). —

Der zweite Punkt hier besagt, daß Maria immun war gegen die aus der ererbten Schuld stammende und zur aktuellen Sünde treibende Begehrlichkeit, die schon in ihrer vorgeburtlichen Heiligung bis zur Unwirksamkeit abgeschwächt worden war, als Gott in Christus souverän an ihr handelte und sie von der Erbschuld befreite (heute muß es heißen: »vor der Erbschuld bewahrte«). — Vgl. Nr. 37 am Schluß. — Dann wurde diese Verkehrtheit durch Marias Bewährung im Glauben noch weiter zurückgedrängt und schließlich bei der Empfängnis Christi vollständig stillgelegt.

Im dritten Punkt hebt Albert das Positive und Geistige der Jungfräulichkeit hervor: das Erfülltsein von Gott, die Absonderung von Weltlichem, die umfassende Hingabe an Gott in unwandelbarer Treue, und schließlich das feine Empfinden aus edler Schamhaftigkeit.

Mit dem vierten Punkt gibt Albert zu verstehen, daß er, wie nach ihm auch Thomas von Aquino[24], das lebenslange Freibleiben Marias von persönlicher Sünde nicht einfach als Folgeerscheinung der vorgeburtlichen Heiligung betrachtet, sondern auch als Segen einer ganz speziellen Führung durch Gottes Vorsehung und als Wirkung außerordentlicher Beistandsgnaden. Die selige Jungfrau erscheint als die Hervorragendste, die Norm, das Vorbild und die Ratgeberin aller Jungfrauen, und sie begleitet sie auf ihrem Lebensweg und geleitet sie in die selige Ewigkeit. — De bono (Ed.Col.t.28 p.168 v.86—89).

80. Da Gott der Mutter seines Sohnes die beste Gabe schenken wollte und konnte, verlieh er ihr das überragende Jungfrausein. Da sodann Christus, »der Ruhm der Jungfräulichkeit..., der selber die wahre und vollkommene Jungfräulichkeit verwirklichte«, die Jungfräulichkeit als evangelischen Rat gab (1 Kor 7,25), wenngleich nicht zum Gebot erhob, hat er seiner Mutter — um sie als seine Mutter zu ehren — die Ehre angetan, daß sie das Beste und Letzte an Enthaltsamkeit erbringen konnte. — De bono (p.169 v. 20—34). —
Diese strahlenden Herrlichkeiten Marias sind rein ein Ausfluß der Vorzugsliebe Gottes zur Mutter seines Sohnes und dienen zuallererst seiner Verherrlichung.
Damit weist Albert deutlich auf die religiöse Bedeutung der Jungfräulichkeit Marias hin — auch in ihrem materiellen Bestandteil, in der Jungfrauschaft: Christus, der Liebhaber, der Vollender und der Ruhm der »Virginitas«. Wer das leuchtende Jungfrausein der Mutter des Herrn preist, verherrlicht erst recht und direkt Christus und Gott. — Vgl. Nr.184.

81. Es gibt die Unversehrtheit des Geistes und die des Leibes, und beide zusammen machen das Jungfrausein aus; es hat, wie Bischof Ambrosius sagt, seine Wurzel im Geist und die Verzweigung im Körper, und hauptsächlich meint es das besinnliche Verweilen bei Gott. — Super Ioh.2,10 (B.24,99/100). —

Die jungfräuliche Gesinnung, die Lauterkeit des Herzens, die Selbstüberantwortung an Gott, der unabänderliche Vorsatz, auf die Sache des Herrn bedacht und an Leib und Geist heilig zu sein (vgl. 1 Kor 7,34), das ist das Entscheidende, und nur so ist das Jungfrausein ein »Bestes und Letztes«. In der körperlichen Unversehrtheit, in der Jungfrauschaft, ist die Wirkung und der Widerschein der keuschen Seele zu fassen. — Vgl. Nr. 80.

82. Zwischen Maria und Josef bestand eine von Gott verfügte Ehe, und das ist mit bedingungsweise abgelegtem Gelübde der Keuschheit sehr wohl vereinbar, nicht aber mit einem Versprechen ohne Vorbehalt. — De sacr. (Ed.Col.t.26 p.166 v.67—69). —
Es war eine wirkliche Ehe mit rechtlichem Charakter (vgl. Mt 1,20), da sie, wie bei allen Trauungen, durch den Konsens, den sie einander gaben, zustandekam. Sie waren also nicht nur verlobt, sondern Eheleute. Doch fand kein Vollzug der ehelichen Rechte statt — der nicht wesentlich zur gültig geschlossenen Ehe gehört, vielmehr erst aus ihr folgt —, wegen des sofort nach dem Jawort gemeinsam abgelegten Gelübdes der Enthaltsamkeit, »wie die Heiligen sagen« (Augustinus). — Vgl. Nr. 183.

83. Jesus ist zwar nicht *aus der Familie* von Nazareth hervorgegangen, da er durch den Heiligen Geist empfangen ist, er wurde aber *in ihre Familie* hineingeboren und erhielt von seinen »Eltern« Lebensunterhalt, Heranbildung, Familienleben und Geborgenheit (Lk 2,51). — Super IV Sent.d.30 a.10 solutio (B.30,223b).

84. Zwischen den »Eltern Christi« bestand eine so tiefe Seelengemeinschaft, wie bei anderen Ehepartnern nie. — Super IV Sent.d.30 a.12 solutio (p.225b). —
Alberts Ehelehre ist aufgebaut auf der Unterscheidung[25] eines »Actus naturae« des auf Zeugung gerichteten Sexualaktes — und eines höheren »Actus hominis« des der spezifisch-menschlichen Sphäre entspringenden Hingabeaktes. Dieser Auffassung des »Actus hominis« entsprechend versteht er die Verbindung Marias und Josefs als wirkliche und vollkommene Ehe im Sinn von Seelengemeinschaft.

85. Die höchste Weisheit — Christus — mußte mit großer Umsicht sicherstellen, daß seiner Mutter Schande und Lebensgefahr erspart blieben. Das war aber nur möglich durch die Heirat (»desponsationem«, die für Albert »Vermählung« bedeutet); sonst hätte man sie für eine Ehebrecherin gehalten und sie gesteinigt. Also hat Christus, der die höchste Weisheit ist, die Verehelichung Marias angeordnet. — Super IV Sent.d.30 a.8 In contrar.1 (B.30, 219a). —
Es war der Wille Christi, daß seine Mutter zum Schutz ihrer Ehre und ihres Lebens die Ehe einging.

86. Es geziemte sich, daß die Mutter Christi im Sittlichen den höchsten Stand erreichte. Das aber ist der — auf dem Gelübde der Keuschheit beruhende Jungfrauenstand in totaler Enthaltsamkeit der Ehegatten, da er desto höher steht, je größer die An-

fechtung ist. — Super IV Sent.d.30 a.8 In contrar.2 (p.219a). —

Die sofort nach der Trauung gemeinsam gelobte Enthaltsamkeit haben Maria und Josef mit gemeinsamem Wachen und Wollen geübt und durchgehalten. Solche Keuschheit aber ist von jener der Unverheirateten und jener der Witwen verschieden und hat einen ganz eigenen Glanz. — Super IV Sent.d. 30 a.9 ad 7 (p.223).

Josef war in dieser vollendeten Ehe der Zeuge und der Beschützer der jungfräulichen Keuschheit. Er habe in Maria nicht so sehr seine Gattin wie die Mutter Jesu gesehen. Deshalb habe der Engel (Mt 2,13) nicht von »Gattin« gesprochen, sondern von der »Mutter des Kindes«: »Nimm das Kind und seine Mutter«. So habe der Engel auch nicht gesagt: »deinen Sohn« — im Unterschied von Zacharias, dem gesagt wurde (Lk 1,13): »Elisabeth wird dir einen Sohn gebären«. — Alb.,Super Matth. 2,13 (Ed.Col.t.21,1 p.57 v.34—40).

Wenn er an Maria dachte, dann weniger daran, daß sie seine Gattin war, als daran, daß sie die Mutter eines so großen Sohnes war. Er blieb sich auch bewußt, daß dieser Sohn nicht ihm als Vater geboren war wie Johannes dem Zacharias.

Dem jungfräulichen Stand tat demnach der Ehekonsens keinen Abbruch. Dieser Stand behielt den obersten Rang auf sittlichem Gebiet. Mithin erfährt Marias Jungfräulichkeit, über die Albert um Christi willen mit äußerster Sorgfalt handelt, durch die Ehe mit Josef keine Schmälerung, vielmehr ihre höchste Steigerung. Was Maria suchte, indem sie das Jungfrausein wollte und gelobte, das wurde durch die eheliche Verbindung mit Josef nicht angehalten, sondern gefördert.

87. Mit der Herabkunft des Heiligen Geistes zur Empfängnis Christi wurde die aus der Erbsünde folgende ungeordnete Begehrlichkeit, die bereits im Mutterschoß soweit abgeschwächt worden war, daß sie überhaupt nicht zur Sünde treiben konnte, vollständig ausgerottet, so daß der Erlöser mit keinem Hauch von Sünde in Berührung kam, und so war Maria seitdem der innerlich *vollkommen geordnete,* der heile Mensch. Vorgebildet findet sich das beim Propheten Ezechiel (43,2): »Die Herrlichkeit des Gottes Israels kam durch das Osttor heran..., die Erde leuchtete auf von seiner Herrlichkeit.« So leuchtete Marias Körper auf von der ihren Einzug haltenden Gottheit. — III Sent.d.3 a.7 (B.28,50a). — Vgl. Nr. 101.

88. Auch uns Menschen hat das Jungfrausein Marias Freude gebracht; denn ohne einen Mann zu erkennen, hat sie den Sohn Gottes zu unserem Bruder gemacht, so daß wir mit Ruben (Gen 37 27) sprechen können: »Er ist doch unser Verwandter und unser Bruder«. — De nat.boni (Ed.Col.t.25,1 p.87 v.21—24). —
Maria durfte jene Frau sein, aus welcher der Gottessohn geboren werden wollte, um ganz einer von uns zu sein, damit die Genugtuung für unsere Schuld aus der Menschheit selber kam, und nicht von außerhalb.

89. Das Gottähnliche der fruchtbaren Reinheit Marias liegt in der unaussprechlichen Zeugung (Jes 53,8)[26], nämlich in der Zeugung des Einen aus Einem und des Unversehrten aus Unversehrtem, die in der zeitlichen Geburt (aus Maria) und in der ewigen (aus Gott) verwirklicht ist, wie die »Blume des Feldes« (Hld 2,1) am Firmament nur den Vater hat (sol = Sonne), auf der Erde nur die Mutter (terra). — De nat.boni (p.102 v. 11—24). —
Diesen traditionellen Vergleich liebt Albert sehr, er bewundert immer wieder das Gottähnliche an der zeitlichen Zeugung Christi, und so leitet er es hier von ihrem göttlichen Vorbild her.

90. Neben anderen (12) Privilegien kommt die jungfräuliche Mutterschaft Marias zum Ausdruck in sechs Vorzügen, die nur ihr zustehen. Sie ist erstens[27] die »Pforte des Himmels« und das Fenster[28], durch das Gott die Menschen angeschaut hat zum Frieden der Versöhnung. »Pforte des Himmels« heißt sie, weil durch sie Der zu uns gekommen ist, der im Himmel wohnt, und seitdem öffneten sich für uns die Wege, auf denen wir in das Reich Gottes gelangen. — De nat.boni (Ed.Col.t.25,1 p.100 v.70—73). Sie hat zweitens, die Ordnung der Natur übersteigend, ohne Mitwirken eines Mannes durch den Heiligen Geist empfangen. Drittens hat sie die vornehme Last in ihrem Schoß ohne Schwere getragen und viertens ihren Sohn bei geschlossen bleibender »Pforte der Zeugung« zur Welt gebracht. Fünftens, Christus, »der Vater aller guten

Geister« (Vgl. Hebr 12,9) erweist ihr die der Mutter geschuldete Ehre. Schließlich, sechstens hat sie ihren Sohn mit Gott gemeinsam. — Vgl. Nr. 136. Diese Vorzüge gehören mehr zu ihrer Würde; sie machen zwar ihr gottgefälliges Leben deutlich, machen es aber nicht aus; denn das alles ist wunderbares Handeln, mit dem der Allmächtige sie ausgezeichnet hat, ganz ohne ihr willentliches Zutun. De nat.boni (p.100 v.46—69).

91. Daß die Jungfrau empfangen hat, darin zeigt sich die unendliche Macht, die Unversehrtheit, die Heiligkeit, das heißt: die Kraft der wirkenden Allmacht, die Unversehrtheit der Mutter Maria, die Heiligkeit im Kinde Jesus. — Super Is.8,3 (Ed.Col.t.19 p.124 v.6—8). —
Vgl. Hans Asmussen, evang. Theologe (+ 1968), Maria die Mutter Gottes (Stuttgart ²1951) 26: »Nichts ist an dem Werden dieses Kindes, was nicht heilig wäre. Der Ort aber, an dem sich dieses ereignet, ist Maria.«

92. Nicht erschaffen hat der Heilige Geist die Menschennatur des Gottessohnes. Wenn es aber doch einmal so ausgedrückt wird, dann wegen der Ähnlichkeit mit der Erschaffung. Es ist nämlich direkt und allein ein Wirken Gottes in Maria wie die Erschaffung, und zwar ist es zeitlos geschehen, wie es die Art göttlichen Wirkens ist. — De incarn. (Ed.Col.t.26 p.189 v.75—83).

93. Produzieren kann auf zweierlei Weise vor sich gehen. Einmal derart, daß die äußere Wirkursache

nichts vom eigenen Wesensbestand in das Produkt hineingibt; so bringt der Künstler oder der Handwerker sein Werk hervor, und dann ist es eine *Erzeugung.* Von dieser Art ist die Zeugung des Gottmenschen in der Zeit, denn nichts von Gott wurde in den Leib Christi verwandelt.

Bei der anderen Art ist es eine *Zeugung,* wobei der Urheber nicht nur tätig wird und die Leibesfrucht bewirkt, sondern selber etwas erleidet, sofern die Keimzelle aus ihm genommen wird und, sich entwickelnd, in dem Gezeugten verbleibt. Da liegt der Unterschied der normalen menschlichen Zeugung von der göttlichen Zeugung Christi. Nichts von Gott ging in die Zeugung Christi ein. — De incarn. (Ed.Col.t.26 p.188 v.42—51). — Vgl. Nr. 70.

94. Der Mutter Eva wurde gesagt (Gen 3,16): »Unter Schmerzen gebierst du Kinder.« Über die Jungfrau Maria steht geschrieben (Mt 1,20): »Das Kind, das sie erwartet, ist vom Heiligen Geist.« Die Jungfrau hat das ewige Wort getragen, welches »das All trägt« (Hebr 1,3) und ihr keine Beschwerden in der Schwangerschaft und keinen Schmerz beim Gebären bereiten konnte. Super Is.66,7 (Ed.Col.t.19 p.624 v.50—55). —

Albert, als an der Naturwissenschaft stark Interessierter, legt auch ein besonderes Gewicht auf die physiologischen Dinge im Eva-Maria-Gegensatz. — Vgl. Nr. 90.

95. Die erste Eva traf ein dreifacher Fluch, nämlich beim Empfangen, im Tragen der Leibesfrucht und im Gebären... Von all dem blieb die Jungfrau aus

dem Königshaus Davids verschont, und zwar als Erstgebärende (»puerpera«). — Super Luc.1,28 (B.22,57b). —
Maria war und blieb also Jungfrau in der Empfängnis Christi und in seiner Geburt. Ihre Jungfrauschaft wurde durch den ganzen Zeugungsprozeß nicht angetastet.

96. Christus, der geboren wurde, war Gott und Mensch... Daher gebe ich gern zu, daß ein Körper wegen der Ausdehnung einen anderen Körper, durch den er hindurchgeht, natürlicherweise zerteilt. Aber kraft göttlicher Macht Dessen, der geboren wurde, verknüpfte sich jene Anlage seines Körpers mit dem Gegenteil, das heißt mit der Durchdringungskraft, so daß er einen anderen Körper — die geschlossene »Pforte der Geburt« — überwinden konnte, ohne sie zu verletzen. De incarn.(Ed.Col.t.26 p.192 v.6-12). —
In einer Sachparallele, Mt 14,22—25: Jesu Gehen auf dem Wasser, tut sich die göttliche Macht Jesu auf die gleiche Weise kund, und diese Parallele wird sogar mit der Geburt Jesu in Vergleich gesetzt: Auf dem See behielt der Leib Jesu sein spezifisches Gewicht und hätte also untergehen müssen; da er aber nicht sank, war der Akt des Nicht-Sinkens mit der Unmöglichkeit des Sinkens gekoppelt, ähnlich wie bei einer Jungfrau, die Jungfrau bleibend, gebären würde; anderseits war dem Wasser nicht das Flüssigsein und das daraus folgende Zurückweichen vor einem Körper genommen, und dennoch wich.es nicht zurück. Das war anders als bei der Teilung des Schilfmeeres

und des Jordan und bei der des Elija und des Elischa (Ex 14,21—22; Jos 3,14—17; 2 Kön 2,8.14); da teilte sich das Meer nach beiden Seiten und gab den Durchgang frei; daß das Meer sich teilte, war wunderbar, nicht aber wunderbar das Hindurchgehen. Dieses Wunder beim Gehen über das Wasser war ein Beweis für die Doppelnatur in Christus, die göttliche in der Macht, die menschliche in der Realität des über das Wasser Schreitenden. — Super Matth. 14,25 (Ed.Col.t.21,1 p.433 v.74—p.434 v.5).

Das Wunder der Geburt Jesu wie das Gehen über das Wasser erklärt Albert durch einen Erweis der Macht Gottes, nicht durch Vorgriff auf die »Brautgaben« (dotes) des Auferstehungsleibes (»subtilitas« = Feinheit oder Geistähnlichkeit, 1 Kor 15,42—44, für die Geburt Jesu; »agilitas« Behendigkeit, Lk 24,31, für das Gehen über das Wasser), die Jesus vorübergehend angenommen hätte, was er übrigens Super IV Sent. als unzureichend bezeichnet hatte. — Super Matth. wie oben.

Wie bei der Empfängnis Jesu, so blieb auch bei seiner Geburt, bei seinem Austritt aus dem Mutterschoß, das Jungfrausein Marias voll erhalten. Auch die Art ihres Gebärens hatte also dank der göttlichen Macht ihres Sohnes den Charakter des Außerordentlichen an sich. So hat sie Christus, dem Herrn, in wunderbarer Geburt das Leben in die Welt hinein geschenkt. Als Zeichen ihrer vorbehaltlosen Hingabe an Gott, also der eigentlichen Jungfräulichkeit, blieb ihr auch bei der Geburt Jesu die leibliche Unversehrtheit als deren körperlicher Widerschein gewahrt. Über die physiologische Seite dieses Phänomens sagt Albert sonst nichts.

97. »Seht, die Jungfrau wird empfangen und einen Sohn gebären« (Jes 7,14). »Empfangen« und »Gebären« ist hier zusammen und formell (»formaliter«) zu nehmen: Die Jungfrau, Jungfrau bleibend, als Jungfrau, empfängt und gebiert. Super Is. 7,14 (Ed.Col.t.19 p.110 v.22—24). —
Hier und sonst noch oft wird auch das Wort des Propheten Ezechiel von der verschlossenen Pforte (Ez 44,2—3), das Wort des Propheten Jesaia von der schmerzlosen Geburt (Jes 66,7), das Wort des Hohenliedes vom verschlossenen Garten und vom versiegelten Quell[29] (Hld 4,12) für die wunderbare Geburt Jesu herangezogen. Kirchenväter wie Irenäus, Ambrosius, Hieronymus, Johannes von Damaskus, beziehen diese Schrifttexte, auch im typischen Sinn, auf die Jungfrauengeburt des Herrn.
Zu beachten ist schließlich die traditionelle Parallele zwischen der Jungfrauengeburt Jesu und dem Hervorgang aus dem versiegelten Grab. Auch Albert denkt die beiden Ereignisse regelmäßig zusammen, wie schon Ambrosius und Augustinus[30].

98. Maria läßt sich — bildlich gesprochen — auch als »versiegelter Quell« (Hld 4,12) bezeichnen, da in ihr jene Quelle entsprungen ist, die »vom Ort der ewigen Wonne herabkam und die ganze Fläche des Paradieses, das heißt der Kirche tränkte« (Vgl.Gen 2,6.10). — Super Matth. 1,23 (Ed.Col.t.21,1 p.42 v.8—11). —
Die Quelle des Heils ist Christus; aber auf Grund der Analogie[31] — also nicht gleichsinnig — kann auch die Mutter Christi »Quelle« genannt werden, weil sie dem

ganzen Paradies dieser Welt, das heißt der Kirche, die der ganzen Welt bestimmt ist und offensteht, das Erbarmen Gottes in Christus Jesus bringen durfte.
Damit ist eine mittelbare Heilsvermittlung angesprochen, da sie als die Mutter Jesu dienend in die Wiederherstellung hineingenommen war.
Von der seit dem 4.Jahrhundert geläufigen Kurzformel[32]: »Virgo concepit, virgo peperit, virgo permansit« = »Sie hat als Jungfrau empfangen, als Jungfrau geboren, und ist Jungfrau geblieben«, sind hier bis jetzt die zwei ersten Momente der Jungfräulichkeit Marias mit einigen Texten dokumentiert; auf das dritte Moment dieser Formel (»permansit«) ist nach einem kurzen für Albert bezeichnenden Einschub noch einzugehen (Nr. 100).

99. Später aber, als Jesus am Kreuz hing und litt und starb, da forderte die Natur das Stöhnen ein, das Maria bei der Geburt Jesu ihr vorenthalten hatte. Unter dem Kreuz nämlich hat sie unter intimstem Weh erfahren, was es heißt, Mutter sein. — Super Is.7,14 (Ed.Col.t.19 p.110 v.47—50). — Vgl. Nr. 125.
Diese Auslegung des Johannes von Damaskus, der die Schmerzen Marias unter dem Kreuz auf die Geburt Jesu zurückbezieht[33], hat sich Albert schon früh ein für allemal zu eigen gemacht[34].
Sie steht auch — im Inhalt gleich, im Ausdruck anklingend — in einer Mariensequenz »Stabat iuxta Christi crucem« (Analecta Hymnica 8 n.58, 55f.), die sich mit guten Gründen als eine — überwiegend österlich gestimmte Reimdichtung des Albertus ausweisen läßt[35] (Wiedergabe in Prosa): »Jetzt er-

greift die Natur die Gelegenheit, die Seufzer, welche die Gebärende der Natur vorenthalten hat, mit Zinsen einzufordern. Jetzt, ja jetzt gebiert sie, jetzt weiß sie, was eine Mutter auszuhalten hat und wie schmerzhaft das Gebären ist. Jetzt wird sie Mutter, Mutter der Schmerzen, ohne die Anmut jungfräulicher Unversehrtheit einzubüßen.«

100. Die Bindewörter[36] »bevor« und »bis« sollen nicht aussagen, Josef habe die Mutter Jesu nachher erkannt (durch ehelichen Verkehr), was bei Ps 110,1 ohne weiteres klar wird: »So spricht der Herr zu meinem Herrn: Setz dich mir zur Rechten, *bis* ich dir deine Feinde als Schemel unter die Füße lege.« Später wird er nämlich genau so zu seiner Rechten sitzen wie jetzt. — De bono (Ed.Col.t.28 p.171 v.48—52).
Richtig ist, daß im biblischen Sprachgebrauch und auch sonst diese Zeit—Konjunktionen nichts über das »Nachher« aussagen müssen.

101. Die Redensarten (mit »bevor« und »bis«), denen Albert noch den Fall des Eli hinzufügt (1 Sam 3,2—3), »der die Lampe Gottes im Tempel nicht sehen konnte, *bevor* sie erlosch« klar, daß er sie, nachdem sie ausgegangen war, nicht sehen konnte —, sind gewöhnlicher Sprachgebrauch. Denn Josef, »der gerecht war« (Mt 1,19) und heilig, konnte überhaupt nicht daran denken, den Schoß der Jungfrau zu entweihen, den Gott, körperlich darin Wohnung nehmend, mit dem Gold seiner Herrlichkeit und Heiligkeit geschmückt hatte; denn

den ganzen Leib und zuallererst den Schoß der Jungfrau hatte Gott mit heiligem Glanz erfüllt, wie bei Ezechiel (43,2) steht — (und sich allegorisch auf Maria anwenden läßt) —, daß beim Einzug der Herrlichkeit Gottes die Erde leuchtete von der Gegenwart seiner Majestät. — Super Matth.1,18 (Ed.Col.t.21,1 p.30 v.31—39). — Vgl. Nr. 87.
Die zwei Konjunktionen («bevor« und »bis«) besagen schlicht, daß bis zu einem bestimmten Zeitpunkt die Ehe von Nazareth nicht vollzogen worden ist, keineswegs aber, daß sie später vollzogen wurde.

102. »Seine Brüder« (Mt 12,46), das heißt seine Vettern mütterlicherseits, Söhne einer Tante Jesu. Lev 19,18: »Liebe deinen Bruder[37] wie dich selbst«. — Super Matth.12,46 (p.392 v.36—38). —
Mit dem Zitat Lev 19,18 will Albert wohl seine Unterstellung belegen, daß »Brüder« (Mt 12,46) in der Bibel nicht (nur) im eigentlichen Sinn — Söhne derselben Eltern — zu nehmen ist, sondern jeden meint, den der Mensch lieben soll wie sich selbst, und damit stünde er in Übereinstimmung mit der neuesten Forschung, die das hebräische »rè« ebenfalls in einem weiten Sinn deutet, zuerst als »Volksgenosse«, und dann spricht jene Erwähnung von »Brüdern Jesu« im Evangelium nicht dagegen, daß Maria auch nach der Geburt Jesu mit Josef in Jungfräulichkeit weiterlebte. Einmal gibt Albert für »Bruder« in einem lateinischen Doppelvers eine neunfache Bedeutung an. Damit kommt jedenfalls seine Meinung zum Ausdruck, »Bruder« habe in der Bibel eine so mannigfache und weite Bedeutung, daß man mit ihm allein nicht ohne weite-

res einen bestimmten Verwandtschaftsgrad herauslesen könne. Insoweit ist die Redensart von den »Brüdern Jesu« immerhin als nicht-zwingend dargetan.

Für Albert sind also die »Brüder Jesu« Vettern Jesu mütterlicherseits, Söhne der Halbschwestern Marias. Mutter Anna soll ja gemäß der Legende nach Joachims Tod nacheinander noch zwei Männer geheiratet und mit jedem eine Tochter namens Maria gehabt haben, und die Söhne dieser beiden Halbschwestern Marias, so meint Albert, seien die im Evangelium mit Namen genannten »Brüder Jesu«, die übrigens bezeichnenderweise in der Schrift niemals »Söhne Marias« genannt werden. Für Jesus steht bei Mk 6,3 »Sohn der Maria«.

103. »Und sie gebar ihren Sohn, den Erstgeborenen« (Lk 2,7). Jesus ist der *Erstgeborene* der Würde und Ehre nach; denn er wird das Recht der Erstgeburt besitzen vor vielen durch Adoption berufenen Brüdern, Röm 8,29: »Damit er der Erstgeborene von vielen Brüdern sei«. Seine Ehre war es, daß er der Herr seiner Brüder ist, der auf einen zweifachen Titel hin die Fülle des Guten beim Vater besitzt, Hebr 1,6: »Wenn er aber den Erstgeborenen wieder in die Welt einführt, sagt er: Alle Engel Gottes sollen sich vor ihm niederwerfen.« Der Erste in der Herrlichkeit Gottes ist nämlich Christus, der sowohl als der Sohn Gottes von Natur aus wie auch durch die Heiligungsgnade die vorzüglichsten Gottesgaben besitzt, das heißt die höchste Form der Gottesschau und des Gottesgenusses. Er ist der Erste (»princeps«) über jenen, die durch Adoption

Söhne und Töchter Gottes geworden sind und ihm Ehrung erweisen, Gen 27,29 (im Erstgeburtssegen Isaaks): »Herr sollst du über deine Brüder sein, die Söhne deiner Mutter sollen dir huldigen.« — Super Luc.2,7 (B.22,199a). —
Der »Erstgeborene« heißt Jesus nicht zum Unterschied von Nachgeborenen, vielmehr auf Grund der Würde, sofern er in der Gottessohnschaft an der Spitze steht vor allen, die durch Adoption berufen sind. Es kann also nicht gefolgert werden, daß Maria nach Jesus noch andere Kinder geboren habe, da im Judentum auch der einzige Sohn als erstgeborener Sohn bezeichnet wurde. Der Titel »Erstgeborener« schloß nämlich besondere Vorrechte und Pflichten in sich ein. Vgl. Hebr 1,6 — von Albert zitiert (siehe oben) —, wo der einziggeborene Sohn Gottes der »Erstgeborene« Gottes genannt wird. Jesus ist von Natur aus Sohn Gottes — dank der Einigung seiner menschlichen Natur mit dem Sohne Gottes im Personsein — und besitzt an Heiligungsgnade die absolute Fülle und die größte Herrlichkeit. Er ist der Erste, und der Herr der adoptierten Söhne und Töchter Gottes. So wie hier hat Albert an mehreren Stellen seiner Schriftkommentare die Häresie des Helvidius zurückgewiesen und die immerwährende Jungfrauschaft Marias dargelegt.
Das 5. Allgemeine Konzil von Konstantinopel (vom Jahr 553) gibt der Gottesmutter den schon zwei Jahrhunderte vorher gebräuchlichen — griechischen Ehrentitel »aeiparthénos« Allzeitjungfräuliche oder Immerjungfrau. Das ist direkte Aussage der immerwährenden Jungfrauschaft Marias. Der Titel ist auch in die Liturgie der Ost- und der Westkirche eingegangen, z. B. in den Römischen

Meßkanon, heute 1.Hochgebet: »Wir ehren vor allem Maria, die glorreiche, allzeit jungfräuliche Mutter unseres Herrn...«, was im Latein auch wiedergegeben wird mit dem Ausdruck »virgo virginum« = die Jungfrau der Jungfrauen = die Jungfräulichste von allen.
Daß sie für immer Jungfrau blieb, läßt sich auch so (durch den traditionellen Gegensatz Eva-Maria) nahebringen: Die erste Mutter (Eva) war der Weg ins Verderben und fiel deshalb aus der Unversehrtheit heraus, so daß sie dem Leibe nach nicht mehr in sie zurückgelangte. Die zweite Mutter (Maria) ist der Weg in Gottes Huld und Heil, und sie kam von dem Unheil der ersten Mutter derart in die Unversehrtheit, daß sie diese nie verloren hat. Also blieb ihr für immer die Jungfrauschaft erhalten. De bono (Ed.Col.t.28 p.170 v.59—65). — Vgl. auch Nr. 118.

104. Die Empfängnis Christi ist ein Wunder sowohl in ihrem Vorgang (actus) wie in der Fähigkeit (potentia) der Jungfrau. Veranschaulichen läßt sich das an einem Blinden; wenn er das Augenlicht bekäme, wäre das Sehen, nämlich der optische Akt, kein Wunder. Erst dann, wenn er blind bleibend, also ohne die Sehkraft zu bekommen, sähe, läge eine Ähnlichkeit mit dem Wunder der Empfängnis Christi vor; denn dann wäre sowohl das Sehen*können* wie auch das tatsächliche *Sehen* ein Wunder. Dieser Fall aber trifft hier zu, da die Jungfrau, Jungfrau bleibend, empfangen und geboren hat. — De incarn. (Ed.Col.t.26 p.190 v.43—48). — Vgl. Nr. 106.

Der Heilige Geist wirkte über die Gesetze der Natur hinaus, als er einerseits die Unmöglichkeit des Empfangens bei der Jungfrau bestehen ließ und anderseits doch die Empfängnis Christi bewirkte. Alb., Super Matth.1,21 (Ed.Col.t.21,1 p.38 v.64—66).

105. Die Menschwerdung des Sohnes Gottes und die Auferstehung der Toten sind meiner Ansicht nach zu den Wundern im eigentlichen Sinn zu rechnen (»miraculum«, unterschieden von »mirabile« und »mirum«). Daß die Frommen des Alten Bundes den Messias ersehnten und erwarteten, war ein Hoffen aus Gnade — nicht aus der Naturordnung —, das den Wundercharakter nicht aufhebt und nicht abschwächt. Gerade die Menschwerdung des Gottessohnes ist der Erweis der göttlichen Allmacht, dem die Jungfrau Maria nur die geschöpfliche (durch den Schöpfer allein zu aktivierende) Gehorsamsfähigkeit (»potentia oboedientiae«) darzubieten hatte — ohne Anspruch und ohne Mittun — und den sie durch ihre gläubige Zustimmung vor einem möglichen Hindernis bewahrt hat. — Super II Sent.d.18 a.4 solutio (B.27,318b). —

Der vorgebrachte Einwand vermißte in der Menschwerdung Christi das Element »wider die Hoffnung« (»praeter spem«) das Augustinus in die Begriffsbestimmung des Wunders eingeführt hatte —, da ja die Menschen des Alten Bundes die Empfängnis und Geburt des Messias aus einer Jungfrau erwarteten (Jes 7,14). Also fehlte etwas für den Wundercharakter der Menschwerdung.

Dagegen unterscheidet Albert mit der theologischen Tra-

dition eine Erwartung in der Gnadenordnung und eine in der Naturordnung. Daß die Frommen des Alten Bundes auf das Kommen des Messias hofften, war, wie die Hoffnung auf die Auferstehung der Toten, ein Hoffen in der Gnadenordnung, das den Wundercharakter der Menschwerdung und der allgemeinen Auferstehung nicht antastet. So hatte auch Abraham gegen alle Hoffnung in der Naturordnung voll Hoffnung aus der Gnadenordnung (Vgl. Röm 4,18) geglaubt.

106. »Blinde sehen wieder, und Lahme gehen, Aussätzige werden rein, und Taube hören, und Tote stehen auf« (Mt 11,5). Bei allen Wundern dieser Art wurde den Menschen die natürliche Fähigkeit zurückgegeben, und so braucht es nicht wunderzunehmen, daß diese Menschen nachher mit den zurückgegebenen Fähigkeiten Lebensvollzüge fertigbrachten; wenn nämlich ein Blinder das Augenlicht wiederbekommt, nimmt es nicht wunder, wenn er wieder sieht, und ähnlich ist es bei den anderen erwähnten Lebensvorgängen. Nun aber blieb bei der Empfängnis Christi der Grund des Nicht-Empfangen-Könnens bestehen, nämlich die bewahrte und versiegelte und Gott geweihte Jungfrauschaft Marias, und doch zeigte es sich, daß sie auf wunderbare Weise ein Kind erwartete, so daß sie selber fragte (Lk 1,34): »Wie soll das geschehen, da ich keinen Mann erkenne?« Das konnte mit Sicherheit auf keine andere Weise geschehen als durch Den, »für den nichts unmöglich ist« (Lk 1,37). Das ist das Wunder aller anderen Wunder, das die Natur nicht

schafft, die Vernunft nicht faßt, die Jahrhunderte bewundern, die Engel preisen, die Propheten in geistiger Freude ankündigen. Super Matth.1,18 (Ed.Col.t.21,1 p.30 v.72—p.72 v.1).

107. Die im Evangelium berichteten Wunder weisen auf das Heilswerk der Menschwerdung oder auf den Glauben an die Menschwerdung als das Ziel aller Wundertaten hin. — Super II Sent.d.18 a.3 qla 3 ad 2 (B.27,313b). —
Wunder — z. B. Heilungswunder, wie die oben genannten — sind nicht Selbstzweck, sondern Hilfen zum Zweck, nämlich einmal Hilfen gegen eine Not der Menschen, aber auch und vor allem Hilfen zum Glauben an Christus, der für uns gestorben und für uns auferstanden ist. Sie sind nicht nur physische Vorgänge, sie haben immer eine religiose Dimension, sie sind religiöse Zeichen, und zwar christliche Zeichen. Die Wunder Jesu wollen und sollen zum Wundertäter Jesus führen.

108. Die »Fülle der Zeit« (Gal 4,4) wird so genannt vom Vorherwissen des Vaters aus, weil die Zeit gekommen war, die der Vater vorgesehen hatte für die Menschwerdung des Sohnes, der die Fülle des Heils für die Gesamtheit der Erlösungsbedürftigen ist. — De incarn. (Ed.Col.t.26 p.192 v.38—44).

109. Als der Heilige Geist zum ersten Mal auf Maria herabkam — vor ihrer Geburt —, bereitete er schon ihr Seelenleben mit göttlichen Kräften auf, und bei seiner zweiten Herabkunft bei der Verkündigung des Erlösers wirkte er auch huldvoll in ihrem Schoß

auf das hohe Geheimnis der Menschwerdung des Gottessohnes hin. — Super Luc. 1,35 (B.22,98a). — Vgl. Nr. 74. —

Wem Gott selber ein Amt überträgt, den stattet er für diese Sendung auch gebührend aus, wie z. B. die Apostel. Maria als die erwählte Mutter des Erlösers wurde von Gott reich gesegnet mit seinen Gaben. Allem zuvor machte der Heilige Geist die Demut und den Glauben der Jungfrau groß und tief und vollzog dann auf geistiggöttliche Weise die Empfängnis Christi in Maria. — Vgl. Nr. 17. —

Damit wird wieder deutlich, daß Gott die Jungfrau von Nazareth nicht nur instrumental, sondern höchstpersönal in Dienst nahm als die nach seinem Ratschluß zum Geheimnis der Menschwerdung Gehörende, in das Geheimnis irgendwie Eingeweihte und durch das Geheimnis hochbegnadete Mutter des Erlösers. In ihr wirkte der Heilige Geist mit einer Fülle seiner Gaben, und sie ließ vorbildlich für alle Glaubenden — den Heiligen Geist in sich wirken.

V. Gottesmutter

110. Die illustre Jungfrau ist »Theotocos« zu nennen, das heißt: Mutter Gottes, und sie darf nicht absolut als »Christotocos«, das heißt »Christusgebärerin« bezeichnet werden... Das läßt sich (nach den Autoritätsgründen des Johannes von Damaskus) auch vernunftgemäß aufzeigen: Zeugung und Geborenwerden beziehen sich nämlich nicht auf die Natur des Menschen als solche, folglich auf eine Person. Die selige Jungfrau hat also die Person Christus empfangen und zur Welt gebracht. Die Person in Christus ist nun aber in aller Wahrheit der Sohn Gottes, der in zwei Naturen existiert, in der göttlichen und in der menschlichen. Somit ist die selige Jungfrau die Mutter des Gottessohnes, die Mutter Gottes, keinesfalls jedoch Mutter der menschlichen Natur in Christus. Ihr steht also der Name »Gottesgebärerin« zu, und sie ist nicht »Christusgebärerin« und auch nicht »Mannesgebärerin« (androtócos) zu nennen. — De bono (Ed.Col.t.28 p.169 v. 41—87). — Vgl. Super III Sent.d. 4 a.5 (B.28, 83b—86a). —

Sie ist nicht Mutter einer Natur, weder der göttlichen noch der menschlichen, auch nicht die Mutter eines fertigen Menschen, der erst nachträglich mit dem Gottessohn geeint worden wäre, vielmehr die Mutter jenes Menschen Jesus, der seit dem ersten Augenblick seiner Empfängnis im Personsein Gott ist, Gott und Mensch in einem. — Vgl. Nr. 39. 73. 116.

In Christus ist der Mensch geeint mit dem Sohne Gottes in dessen Personsein. Das Sein des Gottessohnes umfaßt auch sein menschliches Leben, teilt sich ihm mit, nimmt es in sich auf, so daß Christus ganz Einer ist und der Eine Christus Gott und Mensch zugleich und ohne Vermischung der Naturen. Folglich ist die Jungfrau Maria die Mutter des Gottessohnes und also die Gottesmutter, die Mutter des Gottessohnes für sein Menschsein. Als die Mutter des Menschen Jesus ist sie zugleich die Mutter des Gottessohnes für sein Menschenleben. Sie ist vollwirklich, wie jede andere Mutter, die Mutter Christi, und diese wahre Mutterschaft ist wahre Gottesmutterschaft.
Sie ist nur, aber wirklich und echt, gebenedeit um Jesu willen, und wenn sie gepriesen wird, dann ist es immer Lob Gottes. Es gilt ja dem Schöpfer, nicht dem Geschöpf, nicht einfach dem Mädchen von Nazareth. Maria hätte sicher keinen Platz in den Geschichtsbüchern und im Gedächtnis der Christen, wenn nicht Gott das Große und Gute in ihr und an uns getan hätte, daß der Sohn Gottes in ihr ein Mensch geworden ist »für uns und zu unserem Heil« (»Credo«), unser Bruder und Erlöser.
In der christlichen Überlieferung lebt Maria als die Zusicherung der echten, uns konnaturalen Menschheit Jesu, als die Garantie für die Wirklichkeit seines Lebens auf unserer Erde, und damit für die Geschichtlichkeit des Christusglaubens. Dafür, daß es sich im Christentum um Geschichte, um wirkliches Geschehen handelt, nicht um einen Mythos, dafür steht Kaiser Augustus (31 vor Christus bis 14 nach Christus) und Quirinius, römischer Statthalter von Syrien, im Weihnachtsbericht des Lukas (2,1—2), und der römische Statthalter von Palästina,

Pontius Pilatus, sogar im »Credo«. So stark grenzten sich die ersten Christen gegen alle Mythen und Märchen ab. Wo Zeit und Ort festliegen, wie für Jesus, da hat sich Geschichte ereignet.
Das Ereignis, das Jesus ist, obwohl vor allem ein nur im Glauben auf Gottes Wort hin zugängliches Geheimnis, ist genau nachweisbar in die Geschichte der Menschheit eingeordnet, in der Weltgeschichte verankert, einfach geschichtliche Wirklichkeit, und zwar als Aufbruch von etwas Unerwartet-Neuem, als die natürlicherweise nicht erklärbare Wende in der Menschheitsgeschichte.
Vor allem steht für diese echte Geschichtlichkeit Maria von Nazareth, die Mutter Jesu. In ihr geschah der Eintritt des Gottessohnes in das Menschengeschlecht. Der Jesus der Geschichte ist der Christus unseres Glaubens. Maria, von welcher Gottes Sohn als Mensch geboren wurde, ist die lebendige, personale Verbindung zwischen Ewigkeit und Zeit, zwischen Gott und Welt, die unerschütterliche Zusicherung des wirklichen Menschseins des Sohnes Gottes, ohne das wir nicht erlöst wären, die unumstößliche Garantie für die Geschichtlichkeit unseres Glaubens. Der Christenglaube beruht nicht auf hausgemachten Märchen, sondern ganz und allein auf Tatsachen, und Tatsachen lassen sich nun einmal nicht zerreden.« Durch diese beiden Namen ist Jesus Christus unauflöslich mit uns verbunden: heilsgeschichtlich durch Maria, weltgeschichtlich durch Pilatus« (P. Gordan).

111. Die unendliche Würde der Gottheit wurde durch Marias Gottesmutterschaft in keiner Weise angetastet. Denn die göttliche *Natur* erfuhr weder

in der ewigen Zeugung durch den Vater noch in der zeitlichen Zeugung in Maria ein Geborenwerden, wohl aber der Gottessohn als *Person*, da ja immer ein Jemand, eine Person, gezeugt und geboren wird. Es ist ja kein Widerspruch (für den unendlichen Gott also sehr wohl möglich), wenn an — zahlenmäßig — einer Person, die zwei Naturen in sich vereint, dementsprechend ein zweifaches Geborenwerden sich ereignet. Dann ist immer Gott ein Geborener und der Mensch ein Geborener: »et semper Deus natus est et homo natus«. — De bono (p.171 v.36—41). —

Christus »aus dem Vater geboren vor aller Zeit«, »hat Fleisch angenommen durch den Heiligen Geist von der Jungfrau Maria und ist Mensch geworden« (Großes Glaubensbekenntnis). Apostolisches Glaubensbekenntnis: »... und an Jesus Christus, seinen eingeborenen Sohn, unseren Herrn, empfangen durch den Heiligen Geist, geboren von der Jungfrau Maria«. Aus ihrer Körpersubstanz ist der Gottessohn Mensch geworden; deshalb ist sie die Gottesmutter. Super Luc.1,31 (B.22,72b). Maria ist der Mensch, »der in vollkommener geschöpflicher Freiheit Schoß und Braut und Mutter des menschwerdenden Gottes wird: dieser Grundakt ist Beschenktwerden — durch den sich unbedingt schenkenden Gott mit der Freiheit, ihn bedingungslos zu empfangen« (Hans Urs v.Balthasar, Vortrag im Dom zu Köln am 13. 9. 1972).

112. Bis zur Zeit von Christi Geburt gab es drei Arten und Weisen, wie Menschen ins Leben gelan-

gen. Erstens auf dem gewöhnlichen Weg in der Zeugung durch Mann und Frau; zweitens, wie Adam von Gott geschaffen wurde ohne Mann und Frau; drittens, wie Eva aus Adam gebildet wurde ohne Frau. Es stand also noch eine vierte Art aus, die der Vollständigkeit halber dazukommen mußte: Ein Mann geboren von einer unversehrten Frau (ein anderes Mal: »Vir virgo de femina virgine«), also ohne Mann. Auf diese Weise ist nun mit Christus die Reihe der Möglichkeiten vollständig verwirklicht[38], und so war Maria Jungfrau bei der Empfängnis und Geburt Christi. De bono (p.170 v.49—58).

113. Bei den »zweierlei Seligpreisungen« (Lk 11,27—28) unterläßt Jesus es nicht, inmitten von vielen ihm heftig zusetzenden Gegnern, der Frau aus der Menge für ihre Seligpreisung Marias seinerseits mit einer Seligpreisung für sie selbst zu antworten; die Frau hatte ja durch Hören das Gotteswort empfangen und gleichsam im Schoß getragen und bewahrt, und so geht Jesus hier kurz auf jene Mutterschaft ein, für die gerade die Jungfrau-Mutter das Urbild ist.
Jesus bestätigt die Äußerung der Frau[39], als wolle er sagen: Was du eben gerufen hast, ist wahr, und fügt dann die Seligpreisung der geistlichen Mutterschaft hinzu[40]: Doch nicht nur jene Frau, deren Leib mich getragen und deren Brust mich genährt hat, ist selig; sondern sogar (»quinimo«) jene, die aufs Hören hin mich, das Wort Gottes, empfangen

und schützen und hegen und durch die Tat gebären, bekommen Anteil an jener Seligkeit, die meine leibliche Mutter so beglückt.

Das ist es, was Jesus mit dem »ja sogar« (quinimo) meint. Denn gerade auch die leibliche Mutter Jesu hat das bei der Verkündigung vernommene Wort mit dem Herzen aufgenommen und getragen, bevor sie körperlich empfing, und auf die Seligkeit dieser geistlichen Empfängnis folgte in entsprechender Weise die spezielle Mutterschaft. — Vgl. Nr. 9. — Mt 12,50: »Wer den Willen meines himmlischen Vaters erfüllt, der ist für mich Bruder und Schwester und Mutter.« Darum rief Elisabeth aus (Lk 1,45): »Selig ist die, die geglaubt hat, daß sich das erfüllt, was der Herr ihr sagen ließ«; und kurz davor (Vers 38) steht das, was die Jungfrau selber gesprochen hat: »Mir geschehe, wie du es gesagt hast«, als wolle sie sagen: Wie ich das von dir vernommene, mit andachtsvollem Herzen aufgenommene Wort bereits glaube, so soll es nun im Schoß empfangen werden. — Super Luc.11,28 (B.23, 173a/b). — Vgl. Nr. 11.15. —

Albert betrachtet Glauben und Gottesmutterschaft als verwandte Akte. Beide gelten demselben Gegenstand, nämlich dem ewigen Wort, beide sind Empfängnis, tätige Aufnahme eines Lebenskeimes[41], darum geschehen sie unter gleichen Bedingungen, die da sind Empfänglichkeit, Bereitschaft, Sehnsucht nach dem Wirken des Gottesgeistes, und diese Bedingungen sind in Maria vorbildlich gegeben.

Alles Glauben der Christen ist vorgebildet und vollendet in der Jungfrau Maria, deren Mutterschaft die Frucht ihres Glaubens war. — Vgl. Nr. 69. —
Der Glaubende gewinnt also eine mütterliche Beziehung zu Christus, indem er durch gehorsame Annahme des Wortes Gottes zur Gottesgeburt in seiner Seele mitwirkt und dadurch im übertragenen Sinn Christi Mutter wird. ». . . und Mutter, in dessen Herz wie in einem Schoß ich durch die Gnade Leben und Gestalt gewinne«. Alb., Super Marc.3,35 (B.21,417b).

VI. Hochbegnadet

114. Die menschliche Natur, an sich unterhalb der Natur der Engel angesiedelt, erreicht und überragt sogar die Geistwesen durch eine doppelte Einheit mit Gott.
Einmal in dem, das von unserer Natur *in* Christus mit Gott geeint ist, sowie darin, daß *aus* der Jungfrau Maria das genommen ist, was mit Gott geeint ist durch das Wirken des Heiligen Geistes mit der Macht des Allerhöchsten.
Das ist der Grund dafür, daß Maria über jedem Nur-Geschöpf steht und im vollendeten Gottesreich über die Engelchöre erhöht ist (wie in der Liturgie steht). — Super I Sent.d.16 a.12 solutio (B.25,458). —
Die einmalige Gottesbeziehung Marias ist darauf gegründet, daß Gottes Sohn in ihr die menschliche Natur angenommen hat. Sie steht daher, nach der hypostatischen Einigung, das heißt: nach Christus, in einer innigsten Verbundenheit mit Gott. »Unde etiam dignior est omni pura creatura«, ihr Rang ist unendlich weit unter Christus, aber über allem, das nur Geschöpf ist. Es ist die erhabenste, innigste Verbindung zwischen Gott und einer geschöpflichen Person. Kein Geschöpf, das nur Geschöpf ist, ist tiefer in die Lebensgemeinschaft mit Gott hineingenommen, nur der Mensch Christus Jesus ist unendlich reicher und stärker von Gott erfüllt. — Vgl. Nr. 116.

115. Ich glaube sehr wohl, daß alles, was ein für Gott offenes (weil vernunftbegabtes) Nur-Geschöpf

(»creatura pura capax Dei«) an Kindschaftsgnade fassen kann, der Gottesmutter zugewendet worden ist. Unter und nach dem Menschen Jesus, der mit dem Gottessohn im Personsein geeint ist, kommt ja Gott nichts so nahe, wie die Jungfrau Maria, aus der das Menschsein in diese (hypostatische) Einigung aufgenommen ist. Sie ist die Nächste bei Gott. »Ipsa est proxima«.

Das bedeutet freilich nicht, daß — (absolut gesprochen) — ihre Begnadung nicht noch herrlicher sein und sie selber nicht noch würdiger und besser werden könnte. Denn Gottes Macht ist unbegrenzt. Er konnte in einem Menschen oder einem Engel die Aufnahmefähigkeit noch größer machen, und damit würde die Mächtigkeit des Gnadenlebens noch gesteigert, und der Mensch oder der Engel könnte noch besser und noch vollkommer werden. — Super I Sent.d.44 a.5 qla 3 (B.26,396b—397b). —

Marias Gnadenfülle, in ihrem ganzen Leben, auch und gerade noch nach der Empfängnis und Geburt Christi, offen und fähig für Wachstum kraft des in der Liebe wirksamen Glaubens (Gal 5,6), ist nicht die absolut höchste — Gottes Macht und Freigebigkeit und Güte vermag an sich immer noch mehr zu schenken —, doch aber die relativ höchste, wie sie ihrer hohen Erwählung und ihrer geschöpflichen Aufnahmefähigkeit entspricht.

So hat Maria »Gnade über Gnade empfangen« (Joh 1,16), da Gott ja für die Mutter seines Sohnes das »Beste und Letzte« an Kräften des Guten aufbieten wollte. Er hat sie zu einer der Mutter des Gottmenschen geziemenden Reinheit und Liebe emporgeführt und dabei die Möglichkeiten der gegebenen geschöpflichen Empfänglichkeit für das Göttliche ausgeschöpft. In diesem relativen Sinn ist sie in Wirklichkeit »voll der Gnade«, die Gnadenvolle. — Vgl. Nr. 80.

Dieses Prinzip der Fülle, bei dem Albert natürlich den Pilgerstand Marias — mit Entscheidungsfreiheit, Glauben, Leidenmüssen, Opferbringen, seelischen Konflikten, Sorge um ihren angefeindeten Sohn, und schließlich die Passion Jesu: also Bewährung jeder Art — berücksichtigt, bezieht sich entsprechend der ihr aufgetragenen Gottesmutterschaft auf Reinigung, Weihung, Reifung, Vervollkommnung durch heiligende Gnade, gottgeschenkte Tugendkräfte samt den Widerstandskräften gegen Sündhaftes und Unvollkommenes, »Gaben des Heiligen Geistes«, Forderungen der »Seligkeiten«, »Früchte des Geistes« — so sieht Albert die Hierarchie der Kräfte des Christenlebens — : Alles das, »was ein für Gott offenes (weil vernunftbegabtes) Nur-Geschöpf fassen kann«, ist »Geschenk des ewigen Vaters an die irdische Mutter seines ewigen Sohnes, ist Frucht des Erlösers, des Heilandes der Welt und Sohnes Marias, ist Gabe des Heiligen Geistes« (Johannes Auer).

Alles, was Maria ist und hat, hat sie von Gott um Christi willen für uns. Gott ist es, der in seinem wunderbaren Handeln an der Mutter seines Sohnes das herrliche Innenleben heranreifen ließ, und sie selber hat mit diesen geschenkhaft verliehenen Kräften unter dem Antrieb des Heiligen Geistes die Werte des sittlich-religiösen Lebens bejaht und getan und so »die Gerechtigkeit, die Gott fordert« (Mt 3,15) hervorragend erfüllt.

Maria ist tiefer an Gottes Leben angeschlossen als alle Engel und Gerechten, wenngleich der Grad ihrer Begnadung nicht nur durch Abstand, sondern durch einen Abgrund von der Heiligkeit Christi getrennt ist. Ihr ist die Gottvereinigung in einem Höchstmaß geschenkt worden, sowohl jene in der sogar körperlichen Verbindung mit der ungeschaffenen Gnade, wie auch die aktuelle, die sich in heiligmachender Gnade verwirklicht. Gott hat sie mit der Fülle seiner Gaben zur Höhe ihrer Sendung emporgeführt, und sie, besonders mit dem Wohnen des ewigen Wortes in ihr, die Herrlichkeit und Macht seiner Gnade überreich erfahren und sie in der Nähe und Nachfolge Christi, des vollkommenen Menschen, auch selbst immer mehr Mensch werden lassen (Vgl. Vat.II, Gaudium et spes 41).

Die absolute *Gnadenfülle ist die »Gratia Christi«, für die wegen der singulären Gott-Einigung des Menschen Jesus mit dem »Höchsten Gut« und dem »Höchst-Guten« ein Wachstum nicht möglich ist. Denn die heiligende Gnade ist Teilhabe am göttlichen Leben, und in Christus ist nun aber die eine der zwei Naturen die göttliche Natur, und darum ist die heiligende Gnade für Christus in gewissem Sinn sein »natürliches« Besitztum, das von ihm nicht zu trennen ist und nicht zunehmen oder abnehmen kann. In Christus ist die Quelle des Heils. — Vgl. Alb., Super III Sent.d.4 a.9 solutio (B.28,88b).*

Ein geläufiger Ausdruck Alberts dafür lautet: Christus besaß den Heiligen Geist, das »Donum Dei«, maß-los, die Mutter Christi in einzigartigem Maß, »secundum excellentem mensuram«. Vgl. Nr. 39.41.

116. Die selige Jungfrau ist die Gnadenvolle, weil aus ihr das genommen ist, das mit Gott geeint ist, nämlich die Menschennatur, und eine größere Reinheit unter Christus ist nicht denkbar[42]. Denn nach der erhabenen Würde der mit dem Gottessohn geeinten menschlichen Natur ist nichts Gott näher als das, was von der Jungfrau angenommen und mit dem Sohne Gottes im Personsein geeint ist.
— De incarn. (Ed.Col.t.26 p.179 v.28—33). — Vgl. Nr. 115.

Vgl. J. H. Newman: »Welches müssen die Gaben derer gewesen sein, die auserwählt wurde, die einzige nahe irdische Verwandte des Gottessohnes zu sein, die einzige, die zu ehren und zu achten Er von Natur aus verpflichtet war, die allein Er dazu bestimmte, Ihn zu erziehen und heranzubilden, Ihn täglich zu unterweisen in der Zeit, da er an Weisheit und Wuchs zunahm?«

117. Du hast also bei Gott Gnade *gefunden* (Lk 1,30), nicht erworben, nicht verdient, und da du sie nicht erworben hast, hast du sie umsonst empfangen.— Vgl. Nr. 20.— Halte dich also an die Vorschrift deines Sohnes: »Umsonst habt ihr empfangen, umsonst sollt ihr geben« (Mt 10,8); und da du sie nicht verdient hast, frage nicht nach Würdigkeit, sondern sorge dich nur darum, daß den Gerechten Gottes Gnade geschenkt wird, den Schuldig-Gewordenen die Vergebung. — Super Luc.1,30 (B. 22,70b—71a). — *Die Dienstgnade der Gottesmutterschaft sowie alles um ihretwillen Verliehene ist rein Erbarmen Gottes. Maria hat sie gefunden, nicht verdient, dieses allerhöchstens —*

den Ratschluß der Menschwerdung unterstellt und dank der gnadenvollen Berufung und Bereitung — durch ein »Verdienst der Angemessenheit« («meritum congruitatis«) (Anmerkung 55), das keinen Rechtsanspruch erstellt, sondern vollständig von der Güte Gottes gegenüber den Freunden Gottes abhängt. Ein solches nicht-eigentliches Verdienst — wie wenn eine gute Mutter dem abgeirrten Sohn die Gnade der Umkehr erfleht — konnte der Menschwerdung voraufgehen, so daß die Gabe des menschwerdenden Sohnes angemessener gewährt wurde als ohne es[44]*. — Vgl. Nr. 8.17. Es berührt auch nicht die Menschwerdung an sich, es betrifft vielmehr nur die Weise der Ausführung des Geheimnisses, daß es nämlich in ihr sich ereignete. — Vgl. Nr. 17.20. —*

Mit der Unterstellung des Inkarnationsratschlusses und der Erwählung und Begnadung Marias hat sie es sich mit dem durch die Liebe tätigen Glauben verdient, daß der Sohn Gottes in ihr Fleisch annahm und wurde sie gewürdigt, das heißt: von Gott würdig gemacht, den Erlöser zu tragen, und damit hat sie durch ihr gnadenhaftes Glaubensverdienst irgendwie zur Menschwerdung beigetragen. Dabei bleibt also voll bestehen, daß sie die Gnade der Gottesmutterschaft gefunden hat, auch so ein unverdientes und unverdienbares Geschenk der Güte Gottes.

In diesem Abschnitt über die Gnade der Gottesmutterschaft Marias — die sie gefunden hat — wird sogleich die Folgerung gezogen für ihr mittlerisches Dienen bei der Zuwendung des Heils, das heißt: für die unmittelbare aktuelle Mittlerfunktion Marias. Gott hat bei ihr nicht nach Verdiensten gefragt, und so soll auch sie bei den Hil-

fesuchenden nicht nach Verdiensten fragen. Beim Gedanken an die Gottesmutter denkt Albert wie von selbst an Maria als Mutter der Menschen im geistigen Sinn, das heißt: als ihre Helferin zum Heil, die mit Mutterliebe sich um sie kümmert.
Die unvorstellbaren »Herrlichkeiten Mariä« hat der gnädige Gott mit sozialer Bestimmung versehen. Ihre Begnadung in Fülle ist nicht nur persönlicher Reichtum, sie ist allen in Christus Erlösten zubestimmt. Das »Für uns« ist in ihrer Gnadenfülle festgeschrieben und war und ist — gerade im Zustand der Vollendung — ihre einzige Sehnsucht. Dieser »soziale Aspekt der Gottesmutterschaft« (René Laurentin) hat auf sympathische Weise das Denken Alberts über Maria geprägt.

118. Ps 93,5: »Herr, deinem Haus gebührt Heiligkeit für alle Zeiten.« Das Haus Gottes steht für den Schoß der Jungfrau Maria, in dem Gott Wohnung genommen hatte, und besonders diesem (lebenden) Haus, von dem Gott die Keimzelle seines Leibes nehmen wollte, geziemte heilige Reinheit, und zwar nicht nur zu der Stunde, da sie die Mutter und das Haus Gottes wurde, sondern »für alle Zeiten«. — De nat.boni (Ed.Col.t.25,1 p.69 v.83–90). — *Damit deutet Albert an, daß in seinen Augen Maria nicht eine Gestalt der Vergangenheit ist, die man vergessen kann. Sie ist ja nicht die Mutter eines beliebigen Menschen, der zufällig der Erlöser der Welt geworden ist, auch nicht die Mutter eines berühmten Mannes, die als solche keine innere Verbindung zu den Erfolgen ihres Sohnes hat. Vielmehr ist sie durch den gnädigen Willen*

Gottes, freilich in einer dem Erlöser selbst völlig untergeordneten Weise, mit dem Geheimnis Christi verbunden (Léon Card. Suenens), *das sich in der Kirche durch die Zeiten fortsetzt. Sie war personal-innerlich, mit liebendem Mitleiden und Zustimmen bei der Heilstat Christi gegenwärtig — als »erlauchte Wegbegleiterin des Erlösers«* (Papst Pius XII.) —, *und auch jetzt — in der Zeit zwischen Himmelfahrt und Wiederkunft Christi ist sie dank der Gottesmutterschaft immer noch und — wie es scheint — immer noch mehr mit mütterlicher Güte und Macht in der Welt tätig — gegenwärtig für die Durchsetzung und den glorreichen Abschluß jener einzigen, einzig von ihrem Sohn vollbrachten Erlösung. Sie ist jene Frau, »die Christi Mutter war und ist und in alle Ewigkeit bleibt«, »für alle Zeiten«* (siehe oben). — (H. M. Köster)

Ihre leibliche Mutterschaft setzt sich fort in einer pneumatischen, das heißt: Geist-gewirkten und Geist-erfüllten Mutterschaft und Mütterlichkeit für uns Menschen, die nichts anderes ist als ihre dienende Mittlerfunktion. Nicht nur zum Kommen Gottes in die Welt durfte sie als die Magd des Herrn dienend beitragen, dienend beitragen darf sie auch als Mutter der Menschen zum Gehen der Welt zu Gott.

Ihre überaus reiche Begnadung ist ganz und gar freie Gabe des freischenkenden Gottes, im Heiligen Geist, dem Spender der Gaben, für und durch den Erlöser Jesus Christus. So hat Gott sie würdig gemacht, Den zu tragen, der das Heil der Welt ist.

VII. Dem Willen Gottes gehorsam

119. Erst im Zustand der Vollendung entsteht die volle und ganze Übereinstimmung des menschlichen Wollens mit dem göttlichen Willen. Im Zustand der Pilgerschaft ist sogar eine solche Gleichförmigkeit, wie sie sein soll — abgesehen von Jesus und seiner Mutter — unerreichbar.
Bestehen bleibt jedoch die Möglichkeit, unser Streben dem vollkommenen Willen Gottes einigermaßen anzugleichen, indem wir den Gegenstand, das Motiv und das Ziel seines Wollens nachzuvollziehen versuchen[45].
Jesus sagt es ja im Evangelium (Mt 12,50): »Wer den Willen meines himmlischen Vaters erfüllt, der ist für mich Bruder und Schwester und Mutter.« Es ergibt sich auch von daher, daß der Wille Gottes die Norm für unser Tun und Lassen ist. Also können und sollen wir unser Leben auf den Willen Gottes ausrichten. — Super I Sent.d.48 a.1 (B.26,473a).

120. Es gibt nun eine vierfache Art und Weise der Gleichförmigkeit unseres Wollens mit dem Willen Gottes: Erstens im Gegenstand: Ich will, *was* Gott will. Zweitens im Beweggrund: Ich will etwas aus ähnlicher Liebe, *wie* Gott es will. Drittens: Ich will etwas *wegen* des gleichen Zieles wie Gott; das Ziel aber ist die Ehre Gottes, auf die alle unsere Absichten hinzuordnen sind.

Viertens (siehe Anmerkung 45) in der Ordnung der Wirkursache: Gott will, daß ich etwas will, *was irgendwie gegen seine Absicht ist* z. B. ich begegne einem Bedürftigen; helfe ich ihm nicht, dann habe ich kein Herz für Notleidende, und ich muß doch, wie es im Evangelium steht, Mitleid mit dem Nächsten haben; nun fällt aber die Notlage des Mitmenschen irgendwie unter den Willen Gottes; Gott will also etwas von mir, das er eigentlich nicht will, und ich gehe dann gewissermaßen gegen seinen Willen an.

Das ist jedoch kein Gegensatz zur Übereinstimmung mit dem Willen Gottes (wie es hier wenig weiter unten deutlich wird). — Super III Sent.d.17 a.1 ad 1 (B.28,299b).

Diese vierte Art von Gleichformigkeit ist nun auch in der Jungfrau-Mutter verwirklicht. Als Gott die Jungfrau zur Mutter seines Sohnes erwählte, bestimmte er, daß das Schwert der Schmerzen durch ihre Seele dringe (Lk 2,35) und sie im Innern das mitleiden solle, was Jesus von außen erduldete. — Super III Sent. ebd.

Gott wollte also — wie das Wort vom Schwert es sagt —, sie sollte wollen, daß ihr Sohn Jesus vom Leiden verschont blieb. Demnach bestand kein Gegensatz zum Willen Gottes, sondern Übereinstimmung. Gott hat ja als der Schöpfer die Natur der Mutter so auf das Mitempfinden mit den Leiden des Kindes angelegt, und so war es letztlich sein Wille, daß Maria gegen das Leiden und Sterben ihres Sohnes war, und somit war auch in der vierten Art — aus dem Schöpferwillen Gottes als der Wirkursache

menschlichen Strebens — die Gleichformigkeit mit dem Willen Gottes gewahrt: Maria litt in der Passion Jesu so, wie es Gott will, daß eine Mutter mitleidet. Gerade indem sie ihrem naturhaften mütterlichen Affekt sich überließ und sich in Mutterliebe gegen die Passion Jesu auflehnte, wie Jesus selber am Ölberg (Mk 14,36), reagierte sie als Mutter ganz natürlich und vollzog so Gottes Willen und betätigte ihre Gottesliebe. Es war die Reaktion der Menschlichkeit. — Nr. 121. 122.
Doch auf der höheren Ebene des eigentlich menschlichen, freien, überlegten Wollens ging sie, wie immer — und wieder nach dem Beispiel Jesu — mit ihrer von Gottesliebe erfüllten und nur auf Gottes Verherrlichung ausgerichteten Seele ganz auf Gottes Absichten ein, stand fest im Glauben und in der Hoffnung wider alle (natürliche) Hoffnung und glich ihr freies Wollen dem göttlichen Willen an und machte sich so den Zweck der Passion und diese als den von Gott bestimmten Weg zur Erlösung des Menschengeschlechtes zu eigen.

121. *Einfachhin* (simpliciter) wollte Maria nicht das Leiden und Sterben Jesu, weil das als Gewalttätigkeit am Unschuldigen und Besten gegen das dem Menschen von Natur, das heißt: vom Schöpfer eingepflanzte Empfinden, nämlich gegen die Menschlichkeit gewesen wäre. Mit Überlegung aber betrachtete sie — wie die Frommen allgemein — die Passion Jesu in der Beziehung zu ihrem Zweck, den alle ersehnten, nämlich als den gottgewollten Weg für das Heil der Welt. — Super I Sent.d.48 a.6 (B.26,480). —

Im überlegten Wollen, obschon sie nicht durchsah, wollte also Maria erstens das, was Gott wollte, nämlich die Passion Jesu zum Zweck der Erlösung; zweitens aus dem gleichen Grund wie Gott, nämlich aus ähnlicher Liebe, und drittens, wozu Gott es wollte, nämlich zu seiner Verherrlichung durch die »Erlösung in Fülle« (Ps 130, 7). In dem Konflikt zwischen Mutterliebe und Gottesliebe, der dadurch verschärft war, daß Marias Sohn zugleich ihr Gott ist und darum ihre Mutterliebe unvorstellbare Tiefe erreichte, erfüllte Maria — im äußersten Ernstfall — den Willen Gottes.

Um die Lösung dieses Konfliktes hat Albert sich sehr und sorgfältig bemüht. Gleichförmigkeit mit dem Willen Gottes, das war eine Grundhaltung seines eigenen Christenlebens. Unwillkürlich kommt einem ein berühmtes Wort von ihm in den Sinn, das aus einem Gespräch mit dem befreundeten Franziskaner Berthold von Regensburg auf Deutsch überliefert ist: »Herr, ich wollt', daß ich wär' ein Mensch nach deinem allerliebsten Willen.«

122. Es gibt im Menschen ein überlegtes Wollen (»voluntas rationis«) und ein naturhaftes Wollen (»voluntas naturae«). Das *überlegte*, freie Wollen gleicht sich dem Willen Gottes an in seinem Inhalt, seinem Beweggrund und seinem Ziel. Das *naturhafte* Streben paßt sich dem Willen Gottes an in dem, was der Menschlichkeit (»congruitas humanae naturae«) entspricht. Diese naturhafte Regung ist aus dem sittlich-religiösen Leben nicht ausgeschlossen, obschon auch sie der Lenkung durch die Vernunft untersteht. Unser Strebevermögen hat

auch ja irgendeinen Freiraum, wo es aus Eigenem entscheiden kann (»aliquid proprium potest habere«). Es wäre nämlich gegen die vom Schöpfer unserer Natur eingegebene Menschlichkeit, wenn wir Grausamkeiten, Foltern, Armut, Bedrängnis — bei uns selbst oder bei anderen — einfach regungslos hinnähmen. Ich glaube, solche Sachen dürfen wir schon aus Menschenliebe (»humana pietate«) nicht herbeiwünschen und zulassen, und mit überlegtem Wollen stellen wir sie schließlich Gott anheim. Super I Sent.d.48 a.3 (B.26,476a) und a.5 (B.479a/b).

123. In Christus herrschte Gleichförmigkeit mit Gottes Willen im ganzen doppelten Strebevermögen. Mit *naturhaftem* Wollen wollte er, wie jeder Mensch, nicht ungerecht und unter Gewaltanwendung sterben, und dieses Nicht-Sterben-Wollen war Urtrieb der menschlichen Natur und insofern Gottes Wille. Das war also Übereinstimmung, und diese Gleichförmigkeit entsprang der Natur des Menschseins, das sich von Gott so eingerichtet gegen Leiden und Sterben wehrt. Mit dem *überlegten* Wollen nahm Christus das Sterben durch Gewalt freiwillig auf sich als den Willen des Vaters (Mk 14,36). Diese beiden Einstellungen, die naturhafte und die überlegte, stehen nicht gegeneinander; in der Natur, z.B. bei den Himmelskörpern, wo es verschiedene Bewegungen gibt, ist es so, daß alle Bewegungen nach dem jeweils ersten Beweger, von dem die Bewegungen ausgehen, sich richten und

damit aufeinander abgestimmt sind[46]. — Super I Sent.d.48 a.3 ad 1 (B.26,478a/b). —

Bei der (vierten) Gleichförmigkeit in der Ordnung der Wirkursache (siehe oben Nr. 120), entsteht folglich kein Gegensatz zwischen menschlichem Wollen und göttlichem Willen. Wer dem Bedürftigen hilft, der läßt sein Verhalten von Menschlichkeit bestimmen und geht insofern mit Gott als dem Schöpfer konform. Er tut das, was Gott als die Wirkursache des menschlichen Strebens ihn — mit Gutheißung der Vernunft (ratio), die ihm sagt, was menschlich ist — tun sehen will. Sein Handeln ist also vor Gott in Ordnung und wohlgefällig, wie bei Jesus und seiner Mutter in der Passion.

Christliche Vollkommenheit ist die tiefste Vereinigung und Verähnlichung mit Gott in der Nachfolge Christi, ein von Liebe zu Gott erfülltes, mit dem Willen Gottes gleichformiges, auf die Verherrlichung Gottes eingestelltes Leben. Voll zu verwirklichen ist dieses Ideal im Zustand der Pilgerschaft nicht, nur Jesus und seine Mutter («mater eius») bilden davon Ausnahmen. Vgl. Nr. 41.

Im Erdenleben war es Maria als der Mutter Jesu geschenkt, die christliche Vollendung des Pilgerstandes («conformitas viae») in der Gleichförmigkeit mit dem Willen Gottes durch die große Liebe zu verwirklichen. — Vgl. Nr. 49. —

Vor der Sünde, die ja ein Zuwiderhandeln gegen Gottes Willen und Wohlgefallen ist und darum mit der Würde der Gottesmutter sich nicht verträgt, wurde Maria um der Ehre des Herrn willen zeitlebens bewahrt. Nicht jedoch weil Maria sich Gott nie versagte durch den Ungehorsam der Sünde, liebte Gott sie so sehr, vielmehr sie hat

sich Gott nie versagt, weil Gott sie so sehr liebte und seine schützende Hand über sie hielt.
Das Mitleiden Marias bei der Passion Jesu ist von Albert rein persönlich *gefaßt, nicht irgendwie als Miterlösung, nicht als Mitwirkung zur Heilstat Christi; eine solche Mitwirkung wird ausdrücklich für unmöglich erklärt. Vgl. Nr. 142. 144. Ein soteriologischer Wert ihres Mitleidens wird hier und in anderen einschlägigen Texten — im Unterschied von dem unechten Mariale (»corredemptrix«) unter seinem Namen — nicht angedeutet. Demgemäß fragt Albert auch nirgends, wieso Maria als Erlöste zu der sogenannten objektiven Erlösung, das heißt: zur Rechtfertigung der Gesamtmenschheit, beitragen konnte. Auch eine* Stellvertretung, *als hätte Maria das Heil im Namen aller Menschen angenommen, wird nicht erwähnt. Ebenso wird keine Verbindungslinie vom Mitleiden Marias zu ihrer* geistigen Mutterschaft an den Erlösten *gezogen. Es verlautet nämlich nichts darüber, daß »sie uns auf Kalvaria geboren hat«* (Papst Leo XIII.).
Die Schmerzen der Mutter unter dem Kreuz sind für Albert ein Nachtrag zur schmerzlosen Geburt Christi, nicht ein Beitrag zur Wiedergeburt der Menschen. Vgl. Nr. 99. Wohl aber gereicht ihr Mitleiden aus reinem Glauben und ganzer Liebe (Vgl. Nr. 120 Schluß) kraft des gnadenhaften Verdienst- und Genugtuungswertes den heilsuchenden Menschen bei der Zuwendung des Heiles, also bei der sogenannten subjektiven Erlösung, *zum Segen, und zwar ihr Mitleiden am allermeisten, in der »Communio sanctorum«, wo der Heilige Geist alles gottgefällige Tun und Leiden Christi und der Christen zum gemeinsamen Gut macht.*

VIII. Leidensfähigkeit und Sterblichkeit

124. Joh 2,4: »Frau, was ist mir und dir« gemeinsam, womit ich Wunder wirken kann? Was ich von dir habe und was mir und dir gemeinsam ist, das ist nur die menschliche Schwachheit, durch die ich das Sterben-Können habe; dafür aber, daß ich das (Sterben) kundtue, und man darin dich als meine Mutter erkennt, dafür »ist meine Stunde noch nicht gekommen«.

Aber vom Kreuz herab, wenn »meine Stunde« gekommen ist, werde ich im Sterben, das ich von dir habe und mit dir gemeinsam habe, dich unter dem Kreuze stehend, als meine Mutter anerkennen und dich an meiner Statt der Sorge des Jüngers (Johannes) empfehlen. Die Vollmacht, Wunder zu wirken, habe ich von meinem Vater. — Das ist die Auslegung des Augustinus[47], der das als eine Lehre versteht, daß wir in Sachen, die Gott betreffen, nicht auf die Mutter hören sollen... Es ist das, was bei Mt 12,48—49 steht: »Wer ist meine Mutter, und wer sind meine Brüder? Und er streckte die Hand über seine Jünger aus und sagte: Das hier sind meine Mutter und meine Brüder.« — Super Ioh.2,4 (B.24,93b). —

Jesus habe auf der Hochzeit von Kana, so erklärt Albert mit Augustinus, die Gemeinsamkeit zwischen sich und seiner Mutter in Bezug auf seine messianische Tätigkeit abgewiesen. Die Wunderkraft habe er vom Vater, und darum sei auf diesem Gebiet allein der Wille des Vaters maßgebend. Jesus wolle den Christen die Lehre geben, daß sie gegenüber den Forderungen Gottes auf menschliche Beziehungen keine Rücksicht nehmen dürfen, wie auch für Jesus selber das Sohn-Mutter-Verhältnis im messianischen Wirken nicht von Bedeutung war.

Dann aber weist Albert — immer noch mit Augustinus und manchen neueren Exegeten — auf jene andere »Stunde« des Herrn hin, auf die Stunde der Passion, wo das Gemeinsame zwischen Sohn und Mutter wieder zur Geltung komme, sofern Jesus die Leidensfähigkeit und die Sterblichkeit von seiner Mutter habe. Wenn jene Stunde gekommen ist, werde der Herr Maria als seine Mutter ansprechen und sie dem Jünger Johannes empfehlen.

Deutlich kommt hier das »Prinzip der Gemeinschaftlichkeit« (principium consortii) heraus, und zwar von der einen Seite: Jesus in Gemeinschaft mit Maria, was das Leiden und Sterben angeht.

125. Lk 2,35: »Dir selbst aber wird ein Schwert durch die Seele dringen.« Den Literalsinn halte ich für richtiger als eine mystische Auslegung.

Durch deine Seele, nicht durch deinen Leib, wird ein Schwert dringen, das heißt: das Schwert der Passion deines Sohnes wird durch Mitleiden deine Seele schwer treffen (»perverberare«). So sollst du die Schmerzen, die du bei der Geburt Jesu nicht auszuhalten hattest, jetzt bei seinem Sterben empfinden und so dich als Mutter erfahren... So läßt sich auch die Stelle Joh 2,4 (siehe Nr. 124) deuten: als wolle Jesus sagen: Von dir habe ich nicht die

Vollmacht, »Zeichen« zu wirken. Mit »Zeichen« hast du nichts zu schaffen. Es kommt die Zeit der Passion, da werde ich dich als meine Mutter anerkennen und du mich als deinen Sohn, wenn ich leide in der Schwachheit, die ich von dir habe und mit dir gemeinsam habe. — Super Luc.2,35 (B.22,241a). — Vgl. Nr. 124. —
Dann werde seine Gemeinschaft mit der Mutter zutage treten, die allerdings für jetzt — auf der Hochzeit von Kana — nicht die Norm seines Handelns ist.

126. In Adam — vor dem Fall — war das Nicht-Sterben verbunden mit dem Nicht-Sündigen-Müssen (»posse non peccare«). In der glorreichen Jungfrau war von Adams Urstand wohl der Vorzug wirksam, daß von ihrem Leib keine Hinneigung zum Bösen ausging, doch vor der Sterblichkeit und anderen Beschwernissen war sie von innen her nicht bewahrt. Super III Sent.d.3 a.24 (B.28,62a). —
Bei der ihr verliehenen hohen Begnadung blieb sie dem Leiden und Sterben ausgesetzt. Nur gegen all das, was sittlich nicht in Ordnung ist oder irgendwie etwas mit Sünde oder Unvollkommenheit zu tun hat, war sie abgesichert.

127. Mit der von Adam ererbten Schuld hat sich eine doppelte Verderbnis im Körper festgesetzt. Nämlich *eine,* die ihre Ursache im Körper selbst hat, ihre Realisierung aber von der Schuld des Stammvaters: Hunger, Durst, Schwäche, Krankheit, Schmerzempfindung, Ermüdung, Schlafbedürfnis, Sterben.

Es sind natürliche Defekte, da sie aus der Eigenart der menschlichen Natur folgen, obgleich sie sich erst auswirken infolge der von Adam überkommenen Schuld. Sie heißt »*Verderbnis der Leidensfähigkeit*« (»corruptio passibilitatis«), sie hat keinen Schuldcharakter und ist nur Strafe aus der Sünde der Stammeltern.

Die *zweite* Verderbnis kommt sowohl der Anlage wie der Wirklichkeit nach aus der Paradiesessünde, in die wir durch den Stammvater Adam verstrickt sind. Sie ist die Folge der Erbschuld, das heißt des schuldhaften Verlustes der Unschuld und gnadenvollen Gottverbundenheit im Paradies, durch die Ursünde. Durch den Ungehorsam gegen Gott verfiel die menschliche Natur der ungeordneten Begehrlichkeit, die den Menschen von Gott weg zum Bösen treibt und ihm das Gute erschwert. Augustinus nennt sie »Tochter der Sünde« (»filia peccati«), weil die erste Sünde die innere Ordnung im Menschen umgestoßen hat; sie zog die Abwendung von Gott und die Hinwendung zu den geschöpflichen Dingen (das heißt auf das eigene Ich) nach sich, so daß die niederen Kräfte sich auflehnen gegen die Vernunft, die sie leiten soll, und die Vernunft geneigt ist, aus der Ordnung unter Gott auszubrechen. Rom 7,22—23: »In meinem Inneren freue ich mich am Gesetz Gottes, ich sehe aber ein anderes Gesetz in meinen Gliedern, das mit dem Gesetz meiner Vernunft im Streit liegt...«. Deshalb heißt sie »*Schuldverderbnis*« (»corruptio vitii«), weil sie eine Nachbildung der ersten Sünde und die Antriebskraft für persönliche Sünden ist. 1 Kor 15,49: »Wir wurden nach dem Bild des irdischen Adam gestaltet...«.[48] Dieser Erklärungsversuch stützt sich auf Augustinus, Anselm von Canterbury und andere Heilige. — Super II Sent.d.30 a.1 solutio (B.27,496b—497b). — Vgl. Nr. 33.

Wegen der Paradiesessünde belastet eine doppelte Verderbnis den Menschen. Die eine davon ist im Körper selbst grundgelegt, ausgelöst aber ist sie durch die vererbte Sünde des Stammvaters. Es sind die natürlichen Mängel und Schäden, sie haben auch nur Strafcharakter wegen des Abfalls des Menschengeschlechtes von Gott, und sie sind »der Lohn der Sünde« (Röm 6,23). Zusammengefaßt werden sie unter dem Namen »Verderbnis der Leidensfähigkeit«.

Die zweite Verderbnis hat sowohl ihre Grundlage wie ihre Auswirkung von der Ursünde. Sie ist da, weil die Menschennatur im Stammvater aus der Freundschaft mit Gott herausgefallen und auf sich selbst zurückgeworfen ist. Dieses Verderben ist die bleibende Verbogenheit oder Verkehrtheit (»concupiscentia«) des Menschen, die sich über alle Seelenkräfte ausbreitet, soweit sie von der Vernunftseele nach dem ihr eingeschriebenen Naturgesetz gelenkt werden können und müssen. Diesem Gesetz widerstreitet jenes Gesetz der Glieder — von dem Paulus schreibt —, das die Kräfte schwer-beweglich macht für das sittlich-gute Handeln, aber anfällig für das Sündhafte und Unvollkommene. Als Abbildung der Menschheitsverstrickung der Erbschuld und als Ausgangspunkt für persönliche Verfehlung heißt diese ungeordnete Begehrlichkeit »Schuldverderbnis«.

Von diesem aus der Sünde stammenden und zur Sünde reizenden Verderben kann bei Jesus, dem Erlöser von der Sünde, keine Rede sein. In der Mutter Jesu war die innere Unordnung schon vor ihrer Geburt durch Gottes gnädiges Handeln wirkungslos gemacht. Obwohl aber vom Mutterleib an hochbegnadet und von der Schuldverderbnis befreit, stand Maria doch zeitlebens unter der »Verderbnis der Leidensfähigkeit« und blieb also für die natürlichen Ausfallserscheinungen zugänglich. — Vgl. Nr. 126.
Jesus übernahm diese allgemein-menschlichen Defekte für seine Erlöseraufgabe freiwillig und nicht als Folgen der Erbschuld oder als Strafen, vielmehr einfach als Zuständlichkeiten des erlösungsbedürftigen und genugtuungspflichtigen Menschen.
Jesus in der Gemeinschaft mit Maria, was das Leiden und Sterben betrifft.

IX. Mitverherrlicht

128. Der Herr sagt im Evangelium (Joh 16,31—32): »Glaubt ihr jetzt? Die Stunde kommt..., in der ihr versprengt werdet..., und mich werdet ihr allein lassen.« Denn beim Kreuze Jesu *zweifelten alle außer der Mutter Jesu, und die Frauen weniger als die Apostel,* und darum wurden sie gewürdigt, die ersten Zeugen der Auferstehung Christi zu werden. — De resurr. (Ed.Col.t.26 p.280 v.7—11). —
Der Mutter des Herrn war es geschenkt, sich Gott nie zu versagen und vor den schmerzlichen Auswirkungen der Sünde bewahrt zu bleiben. Doch sie kannte die Tiefen des menschlichen Leidens und das furchtbare Ausmaß des Bösen, und so stand sie am Fuß des Kreuzes und nahm mit dem durchbohrten Herzen einer Mutter — und ihr Herz war eins mit dem Herzen ihres Sohnes —, in unerschütterlichem Glauben und demütigem Sich-Einfügen in den Willen Gottes, am qualvollen Leiden und Sterben ihres Sohnes teil.

129. Wer zu Ehren der Jungfrau-Mutter fastet, der fastet passender am Samstag (als am Mittwoch). Denn an jenem Tag (der Grabesruhe Jesu), als die übrigen zweifelten, stand der Glaube in Maria. Von daher kommt der Brauch, den Samstag mit besonderem Gedenken der glorreichen Jungfrau zu begehen. Super Matth.26,16 (Ed.Col.t.21,2 p.608 v.64—68). —

Es handelt sich nicht nur um Marias persönliches Glauben, *das nie ins Schwanken geriet; eine dem Augustinus fälschlich zugeschriebene Meinung, auch Maria habe unter dem Kreuz am Glauben gezweifelt, kam bei Albert nicht an.* Es handelt sich vielmehr auch um den Glauben der Kirche als solcher. *Als nun alle zweifelten, sagt Albert, stand der Glaube in Maria. In der Mutter unter dem Kreuz fand der Glaube der Kirche an jenem entscheidenden Zeitpunkt Halt und Stütze. Das bedeutet, daß der Glaube der Kirche sich einmal vollständig deckte mit dem persönlichen Glauben Marias, und daß damals das der Kirche zugesagte Nicht-Versagen, die sogenannte Indefektibilität des Glaubens der Kirche, durch die Mutter des Herrn gewahrt wurde. Sie hat der Kirche den ungebrochenen Fortbestand des Glaubens gerettet.*[49] *Vgl. Nr. 15. Sie ist die Treueste der Jünger Christi und die Gläubigste der Glaubenden.*

130. Der Auferstandene erschien zuerst der Maria aus Magdala (Mk 16,9) als einer von den Zeugen der Auferstehung. *Zu allererst aber suchte er die Jungfrau Maria auf, nicht zwar um seine Auferstehung zu beweisen, wie vor Maria Magdalena, sondern um die Jungfrau-Mutter zu erfreuen und zu beglücken.* — Super Marc. 16,9 (B. 21, 755a). —
Als wolle er ihre untadelige Glaubenstreue während seiner Grabesruhe auszeichnen.
Dieser im Grund mystische Gedanke, wie Jesus am Ostermorgen zuerst seine Mutter begrüßte, wurde in Osterfestspielen und auch von Malern des späteren Mittelalters oft dargestellt (Alfred Stange).

131. Für mich ist es mit Sicherheit wahr (»verissimum«), daß die selige Jungfrau — wie die beim Tod des Herrn Auferweckten und nachher Erschienenen (Mt 27,52—53)[50] — bereits im himmlischen Vaterland die doppelte Stola, das heißt die Verklärung an Leib und Seele besitzt. — Super IV Sent.d.13 a.14 qla 2 (B.29,360a). —
Mit Nachdruck nimmt Albert die leibliche Aufnahme der Mutter des Herrn in den Himmel an.

132. Der angekündigte Tod Jesu war der Anlaß, daß der Glaube an die Auferstehung des Hauptes Christus und der Glieder Christi geschwächt wurde[51]. Deshalb ereignete sich schon vor der Passion Jesu seine Verklärung[52] als Beweis seiner Auferstehungsmächtigkeit[53], wie die Heiligen sagen. Darum war es notwendig, daß beim Tod Jesu sogleich einige Tote auferstanden, um die Erwartung, daß es auch für die Jünger Christi eine Auferstehung gibt, zu stützen. — De resurr. (Ed.Col.t.26 p.262 v.42—48). —
Daß nämlich eine Auferstehung der Glieder Christi als Wirkung der Auferstehung Christi selber stattfindet, erweist sich an jenen Toten, die beim Sterben Jesu aus den sich öffnenden Gräbern ausstiegen (Mt 27,52). — Alb., De resurr. (p.265 v.57—61).

133. Meiner Ansicht nach geht die allgemeine Auferstehung sicher von der Verwesung aus (»a cineribus«), nicht jedoch die Auferstehung des Herrn, der gegen die Sünde und gegen die »Schuldverderbnis« der ungeordneten Begehrlichkeit absolut

immun war. Das Gleiche nehme ich wegen der vollständigen Befreiung von der Begehrlichkeit (als der Ursache der Verwesung[54] auch für den Leib der glorreichen Jungfrau an und für den Evangelisten Johannes (der bei den Dominikanern sich einer besonders großen Verehrung erfreute). — Super IV. Sent. d.43 a.22 solutio (B.30,534b).

Obschon im Mutterleib und bei der Empfängnis Christi von der »Schuldverderbnis« vollständig befreit, stand Maria, wie Jesus, unter der »Verderbnis der Leidensfähigkeit« (oben Nr. 127), so daß sie dem Leiden und Sterben ausgeliefert blieb. Als zeitlich Letztes gehört dazu die Verwesung des Leibes. Sie ist Strafe der ersten und der ererbten Schuld. Durch sie muß der Leib von den aus der Sünde stammenden und der Auferweckung des Menschen entgegenstehenden Zuständlichkeiten gesäubert werden. Wo also der »Sündenzunder« nicht gelöscht, die ungeordnete Begehrlichkeit nicht abgetötet ist, muß der Leib durch Verwesung für die Auferweckung präpariert werden.

Da nun aber in der Mutter des Herrn die Begehrlichkeit getilgt war, ist bei ihr eine Verwesung gegenstandslos. Kraft der ihr belassenen Leidensfähigkeit litt und starb Maria, wie Jesus gestorben ist. Da sie aber von der »Schuldverderbnis« freigehalten war, wurde sie dank derselben Solidargemeinschaft mit Jesus der Seele wie dem Leibe nach in den Himmel aufgenommen. Sie bedurfte nicht der Verwesung als Voraussetzung für die Auferweckung. Jesu Auferstehung hatte den Ausgangspunkt in seinem Tod, und so wurde es auch seiner Mutter ge-

schenkt. Ihre Assumptio erscheint als natürliche Folge ihrer außerordentlichen Begnadung im Mutterleib, das heißt — von heute her gesagt — ihrer Unbefleckten Empfängnis.
In Maria lebte durch Gottes Erbarmen und Güte die ursprünglich heile Welt wieder auf (Nr. 87), wie in ihr auch die am Ende der Weltzeit geheilte und wunderbar erneuerte Welt schon aufleuchtet.

134. Die Auferstehung der Toten geht von der Ursache des Todes aus, sagt Haimo von Auxerre. Die Todesursache ist die Erbschuld, und sie hat zwei Bestandteile. *Einmal* das schuldhafte Fehlen der daseinsollenden gnadenhaften Gerechtigkeit, aus der im Paradies das Leben der Unschuld und Gottverbundenheit kam. Dieses Fehlen der gottgeschenkten Gerechtigkeit verursacht das Sterben, sofern die Seele sich vom Leib trennt. Es ist nämlich eine Forderung der Gerechtigkeit, sagt Augustinus: Wie die Seele ihr mit Gott verbundenes Leben durch die Ungerechtigkeit der Sünde aufgegeben hat, so ist sie nun verurteilt zur Notwendigkeit ihrer Trennung vom Leib, für den sie die Ursache des Lebens war.
(Materieller) Bestandteil der Erbschuld ist — *zweitens* — die Neigung zum Bösen, die wie eine den Körper infizierende Fäulnis und eine der Auferweckung widerstrebende Krankheit ist; sie muß dem Leib durch Verwesung und Zerfall entzogen werden. So bewahrheitet sich das Wort Gottes (Gen 3,19): »Staub bist du, zum Staub mußt du zurück.«

— De resurr. (Ed.Col.t.26 p.246 v.18—32). — Vgl. Nr. 33.127.

135. Die Himmelfahrt (Ascensio) geschieht aus eigener Kraft des auffahrenden Christus. Die Aufnahme Marias (Assumptio) in den Himmel geschah in der Kraft Christi, der sie zu sich aufnahm. — De resurr. (p.287 v.64—66). —
Deutlich ist hier wieder das »Prinzip der Gemeinschaftlichkeit« zwischen Jesus und seiner Mutter Maria, nämlich in der Erhöhung.

136. Gerade mit der Aufnahme in den Himmel erwies Christus seiner Mutter eine huldvolle Aufmerksamkeit, da er jene Frau zu sich erhöhte, von deren Leib er ein Etwas mit seiner Gott-Person geeint hat. — De resurr. (p.288 v.5—7). — Vgl. Nr. 90.
Mit Leib und Seele in den Himmel aufgenommen, das sagt nur aus — und das ist wohl auch das Einzige, das uns wirklich interessieren sollte —, daß der Glaube Marias jetzt schon für sie als ganzen Menschen zum Schauen *geworden ist, worin ja eigentlich die Parusie wesentlich besteht, das Kommen des Herrn in Herrlichkeit, das heißt in aller Offenheit und Klarheit. Der Glaube wird zum direkten Gott-Schauen, Gott-Erfahren, das ist das von Gott zugesagte und bereitete und in Christus bewirkte Heil, das ist die letzte Erfüllung und endgültige Beglückung des Menschenherzens, wo auch alles Erdenleid seine volle Erklärung und ganze Verklärung findet in der strahlenden Gemeinschaft der seligen Ewigkeit. Dieses letzte und höchste Geschenk Gottes ist der*

Gottesmutter mit der Aufnahme in den Himmel zuteil geworden.

137. Obwohl (in der Liturgie) gesagt wird, Maria sei über die Engelchöre hinaus erhöht worden, und obschon über den Engelchören nur Gott in seiner unendlichen Erhabenheit thront, ist sie nicht in die Gottgleichheit erhoben worden. Der Abstand von Gott ist unbegrenzt groß (»extra mensuram«) und deshalb bleibt Maria also unverhältnismäßig unter Gottes Würde: »adhuc distat a dignitate divina sine proportionis mensura«. — Super I Sent.d.44 a.5 qla 3 (B.26,397b). — Vgl. Nr. 115.

138. Im Himmel bleibt Maria uns Menschen nahe durch den Dienst der Barmherzigkeit, bei ihrem Sohn weilt sie zugleich im beseligenden Schauen seiner Herrlichkeit zur Rechten des Vaters. Uns fehlt nicht ihre zärtliche Liebe (»pietas«), und nicht abgelenkt wird sie in der preisenden Kontemplation des Christusgeheimnisses. Sie genießt die tiefste Freude der Mutter und zugleich die höchste Ehrung der Jungfrauen, so daß auf sie allein das Wort Jesu, das er über die Maria von Bethanien gesagt hat, voll zutrifft: »Maria hat das Bessere gewählt, das soll ihr nicht genommen werden« (Lk 10,42). — Super Luc.1,28 (B.22,65b).

139. Bei der Erhöhung Marias wurde für die Königin-Mutter ein Thron in der Nähe des Königs aufgestellt. 1 Kön 2,19: »(König Salomo) ließ auch für die Königin-Mutter einen Thron aufstellen.« So

soll der Glanz ihrer Vollendung über die Völker hin leuchten, nicht gleich dem Glanz ihres Sohnes, sondern nach ihm und unter ihm: »Non sicut Filii, sed post Filium et sub Ipso«. — De nat.boni (Ed.Col.t.25,1 p.103 v.5—7). — Vgl. Nr. 140.157. —
Der Herr hat seine Mutter mit sich erhöht über alle anderen Nur-Geschöpfe hinaus. Der Herr hat in sich sie vollendet und dadurch sich in ihr verherrlicht.
In dem Bibel-Zitat, das nicht eine Begründung sein soll, sondern nur eine Veranschaulichung, ist Salomo, wie üblich, als Vor- Bildung Christi genommen.

140. Die zwölf Sterne (Offb 12,1) sind wie ein Kranz auf ihrem Haupt und bedeuten die Vollzahl der Geretteten in der Gemeinschaft der seligen Ewigkeit. »Die Herrlichkeit Gottes erleuchtet sie, und die Leuchte (der Himmelsstadt) ist das Lamm« (Offb 21,23), Christus in der Herrlichkeit Gottes.
Auch von der »Frau, mit der Sonne bekleidet« (Offb 12,1), das heißt: mit der Hoheit und dem Glanz ihres Sohnes, der ja »Sonne« genannt wird, ergießt sich Licht über alle Geretteten, und sie führen alles, was sie an Gnade und Würde haben, nach und unter Christus und Gott auf Maria zurück. — Super II Sent.d.2 a.8 ad 5 (B.27,58b).

141. Im Himmel ist die Jungfrau-Mutter eine Quelle des seligen Lichtes für die Engel und Menschen. Aber das Licht, das aus ihr strahlt, ist Gott selber, der sie — wie alle Geheiligten — umwandelt wie Glut das Eisen, so daß die Himmlischen in Maria direkt die Herrlichkeit Gottes schauen und genie-

ßen können — wie auch in den anderen Geheiligten, nur ungleich mächtiger und prächtiger. — De IV coaeq.q.32 a.2 qla 1 (B.34,513b). — Vgl. Nr. 151. — Die verklärte Mutter des Herrn ist für alle Himmelsbewohner eine »Theophanie«, das heißt eine Gotteserscheinung und Gottesbegegnung im »Glorienlicht«, nach und unter Christus, der auch als Mensch der Erleuchter des ganzen Himmels ist: »totius caeli illuminator etiam secundum humanitatem«. Alb., Super Marc.16,19 (B.21,760a). —

»Theophanie« ist für Albert ein Schlüsselwort. Es besagt: Im »Glorienlicht«, durch das Gott selber sich dem Seligen des Himmels direkt zuwendet und zuneigt, gibt der Selige sich Gott hin, und in dieser unmittelbaren Begegnung und Einigung schaut er Gott ganz unverhüllt und ganz von Gott erfüllt, auch in der Theophanie, die Maria ist, wie alle geschöpflichen Himmelsbewohner. Immer ist es Gott selbst, der sich schenkt, auch in seinen Heiligen.
In diesen Gedankengängen ist eine unmittelbare, aktuelle Heilsvermittlung durch Maria angesprochen.—

142. Was an Glanz in den Seligen des Himmels strahlt, ist auch Maria zu verdanken, da sie die Mutter des Erlösers ist, der das Tor des himmlischen Reiches geöffnet hat. — Super Luc.10,38 (B.23,72b). —

Hier handelt es sich um die mittelbare Heilsvermittlung, die darin besteht, daß Maria den Erlöser und den Urheber des Heils in die Welt bringen durfte.

X. Mütterliche Helferin zum Heil

143. In der Kirche (als dem Leib Christi) gibt es nur Haupt und Glieder. Sache des Hauptes (Christus) ist die (aktive) Erlösung; also bezieht sich das Erlöstwerden auf die Glieder am Leib Christi. Da nun die selige Jungfrau Glied der Kirche ist, trifft auf sie das Erlöstwerden zu wie auf jeden von der Erbschuld Betroffenen. — Super III Sent.d.3 a.3 Sed contra 3 (B.28,45b). —
Hier wird für das Mithelfen zum Heil allgemein, namentlich für Maria, die obere Grenze festgelegt: Keine Beteiligung an der Heilstat Christi für alle. — Vgl. Nr. 123.

144. Die Rechtfertigung läßt sich betrachten entweder als *Gesamt*rechtfertigung (»iustificatio generalis«), das heißt: in Bezug auf die ganze, in Adam verurteilte Menschheit — die sogenannte *objektive* Erlösung oder als *Einzel*rechtfertigung (»iustificatio-particularis«), — die sogenannte *subjektive* Erlösung —, sofern sie diesem oder jenem Menschen zuteil wird.
Die *Wirk*ursache der Erlösung ist Gott allein; denn er vergibt die Sünden und gibt das Gerechtsein durch Spendung der Gnade samt den Tugendkräften.
Die *Verdienst*ursache für die *Gesamt*rechtfertigung, sofern es um das eigentliche Verdienst vor Gott geht, ist die als Opfer dargebrachte »Passio Christi«; sie hat die Befreiung von der Schuld auf der Grundlage

der *Gerechtigkeit* (»secundum condignum«) ebenbürtig verdient und damit die Rechtfertigung für das ganze Menschengeschlecht.

Zur *Rechtfertigung des Einzelmenschen*, nicht der Gesamtmenschheit (deren Versöhnung mit Gott konnte allein Christus, der Erlöser, herbeiführen), können auch die Schon-Geretteten (und die Glaubenden) als *untergeordnete* und durch die »Passio Christi« ermächtigte *Verdienst*ursache beitragen, nicht zwar auf Grund der Gerechtigkeit, also ohne Rechtsanspruch, sondern nur auf Grund der *Billigkeit* oder der Gottesfreundschaft (»de congruo«)[55]. — III Sent.d.19 a.1 solutio (B.28,336f). —

Der Gottmensch Jesus Christus hat durch seine stellvertretende Genugtuung und sein Erlösungsverdienst die Wiederversöhnung der verlorenen Gesamtmenschheit mit Gott grundsätzlich, vollwertig und objektiv und ein für allemal vollbracht.

Diese objektive Erlösung wird nun von dem gnädigen Gott, den wir in Christus gefunden haben, durch den Dienst der Kirche als der Erstadressatin der Erlösung[56] dem einzelnen mit seiner freien Mitwirkung zugewendet, und die Zuwendung der Heilsgabe, die als »Gnade Christi« bezeichnet wird, heißt Rechtfertigung oder Heiligung. — Vgl. Nr. 159.

Für die Teilhabe an der »Erlösung in Fülle« (Ps 130,7) unterstützt der Heilige Geist mit seiner unsichtbaren und unbegrenzten, weil göttlichen Macht den heilsuchenden Menschen: innerlich durch die erleuchtende und bewegende Kraft der Gnade, von außen durch die Kirche, als die von Christus gestiftete Heilsinstitution, *in Lehre, Leitung und Ausspendung der Sakramente Christi.*

Hilfe zum Heil findet der Mensch auch in der Kirche als »Gemeinschaft der (oder des) Heiligen«, *das heißt: durch die übernatürliche Lebensgemeinschaft mit Christus, dem Haupt, und mit den Christen untereinander, wo die Möglichkeit der — in der stellvertretenden Heilstat Christi grundgelegten — Stellvertretung in Sachen des Heils gegeben ist sowie einer Anteilsgewährung am eigenen heilswirksamen Tun. Genugtuung und Heilsverdienst Christi unterstellt, kann in der Gemeinschaft der Heiligen einer dem anderen eine hilfreiche Hand reichen, da der Heilige Geist alles gnadenhafte Tun zum gemeinsamen Segen macht. Dieser Brauch des Füreinanders der Mitpilger ist so alt wie das Christentum. Wie Albert sagt (siehe oben):* »Zur Rechtfertigung des Einzelmenschen können auch die Geheiligten und Gerechtfertigten mit einem Zugeständnis der Güte Gottes, einem Gefälligkeitsverdienst (›de congruo‹), beitragen.« —

Henri Massis (+ 1970): »Vor andern und nach anderen bin ich zurückgekehrt; brüderliche Freunde haben mich an sich gezogen; andere werden mir folgen, brüderliche Freunde, die ich an mich ziehen werde; das ist die Kette des gemeinsamen Heiles: man erhebt sich in den Himmel, indem einer den anderen zieht.«

Das Ziel der subjektiven Erlösung ist die volle Rechtfertigung und die ganze Erfüllung mit den ewigen Gütern, unsere volle Lebensgemeinschaft in Christus mit Gott in der Gemeinschaft der seligen Ewigkeit, mit einem Wort: der Himmel.

Auf Maria angewandt, bedeutet diese Lehre, daß die verklärte Mutter des Herrn den Erdenpilgern und der irdischen Kirche als ganzer zu dem in Christus gewirkten Heil behilflich sein kann, sie allerdings unvergleichlich mächtiger als die Engel und die anderen Geheiligten, da sie die Mutter des Erlösers sein durfte und für immer bleibt. — Vgl. Nr. 138—141. —

Ihr Hilfsdienst ist also einmal mittelbarer Art — sie war von Gott erwählt, der Welt den Erlöser zu bringen —, dann aber auch gegenwärtig und unmittelbar bei der Zuwendung der Heilsgüter durch Gott, besonders durch die Fürbitte bei ihrem Sohn.

Für Albert steht Maria nicht als isolierte Gestalt in der Heilsgeschichte — es gibt ja überhaupt keinen vereinzelten Menschen —, er sieht sie immer zusammen mit dem Geheimnis Gottes und Christi und der Kirche und aller Heiligen. In der marianischen Theologie und Frömmigkeit geht es um Gott, Christus, Kirche und den Menschen.

Sie ist auch nicht nur eine Gestalt der Vergangenheit, sie hat in *der Zeit zwischen Christi Himmelfahrt und Wiederkunft eine immer aktuelle Bedeutung für die Gegenwart und Zukunft. Vgl. Nr. 138. — Ihre leibliche Mutterschaft an Jesus geht weiter in einer pneumatischen Mutterschaft an der Kirche, die ja — bildlich gesprochen — der Leib Christi ist (Eph 1,23), damit die Menschen das Heil in Christus suchen und finden, den richtigen Lebensweg gehen, der Christus heißt; damit die Christen gerüstet werden für die Erfüllung ihres Dienstes, für den Aufbau des Leibes Christi (Eph 4,12), für den Aufbau der*

Gemeinde des Herrn; damit sie den Glauben bewahren und in der Liebe bewähren und so aus ihrem Leben etwas Gutes machen für das Reich des Herrn und — um seinetwillen — für die Menschen. — Nr. 118. — Niemand kann uns besser zu Jesus führen als seine Mutter Maria. Sie zeigt uns und führt uns den Weg zu Jesus als seine einmalig vorbildliche Jüngerin und als unsere mütterlich-mächtige Fürbitterin.
Nicht als ob Gott auf die mittlerische Funktion Marias angewiesen wäre. Nicht aus Notwendigkeit, sondern aus souveräner Liebe hat Gott es so bestimmt, daß wir armen Sünder im Himmel auch eine mütterliche Fürbitterin haben. So hat es Gott gefallen (vgl. Mt 11,26). Maria hat bei Gott Gnade gefunden (Lk 1,30) für uns.

145. Offb 12,2: »Sie war schwanger und schrie und litt Schmerzen in ihren Geburtswehen.« Das Schreien galt eher der Größe des Wunders (bei der Geburt Christi) als der Schmerzerfahrung, und die Schmerzen beziehen sich auf ihre in Barmherzigkeit angenommenen (Menschen-)Kinder, denen sie wünscht, daß der Sohn ihres Schoßes in ihnen Gestalt gewinnt. — Super Matth.1,18 (Ed.Col.t.21,1 p.31 v.25—30). —
Was Albert hier in den Schrifttext hineinliest, ist dies: Maria ist Mutter der Menschen im geistigen Sinn, indem sie mit Mutterliebe deren Heil ersehnt und zu sichern sucht.
Bei ihm findet sich jedoch nicht die Teilung der Macht, wie sie in früheren Jahrhunderten von manchen wenig erleuchteten Frommen vertreten wurde: Christus habe

sich das Reich der Gerechtigkeit vorbehalten, seiner Mutter aber das Reich der Barmherzigkeit überlassen. Albert liebt es zwar, die Barmherzigkeit Marias groß herauszustellen, aber er sagt ausdrücklich, daß ihre Barmherzigkeit gegenüber dem Erbarmen Christi und Gottes nur ein Abglanz, eine Nachahmung, eine Teil-habe ist. In ihrem barmherzigen Helfen zum Heil folgt sie dem unendlichen Erbarmen ihres göttlichen Sohnes, das ihr in hohem, eben mütterlichem Maß anteilhaft geschenkt ist. Als Mutter Christi ist sie »des Erbarmens Mutter« (Huldrych Zwingli).

146. Wenn das Krumme wieder gerade gebogen wird, so ist der Sohn die bewirkende Ursache, die Mutter ist dabei wie das Modell (»exemplar«) und durch Fürbitte. Super Is.11,1 (Ed.Col.t.19 p.165 v.3—5). —
Damit ist die Bedeutung Marias als Helferin zum Heil kräftig und deutlich — in bildlichem Ausdruck umschrieben: — Bei der Umkehr ist sie mitbeteiligt durch das Beispiel ihres Glaubens und Dienens und durch mütterliche Fürbitte[57].

147. Obschon Jesus ihren Schoß, den Ort seiner Geburt, körperlich längst verlassen hat, bleibt er doch durch die Gnade in ihr wohnen und teilt allen, die seine Mutter um Hilfe anrufen, in reichem Maß Gnaden zu. — Vgl. Nr. 118.
Er bleibt eingedenk des Diadems, mit dem seine Mutter in ihrem Schoß ihn gekrönt hat (vgl.Hld 3,11), und gewährt allen, die seine liebe Mutter lo-

bend ehren, die erbetenen Heilsgaben. — De nat.boni (Ed.Col.t.25,1 p.73 v.62—68).

Marias Mutterschaft geht — wie übrigens bei jeder Mutter natürlicherweise — über das Biologische hinaus und wirkt weiter — als pneumatische Wirklichkeit, was ihr Privileg ist — im Dienst der Menschen in Sachen des Heils. Alle aber, die seine Mutter verehren und anrufen, segnet Christus mit Heilsgaben. — Vgl. Nr. 118.

148. Vermitteln (»mediare«) und Mittler sein (»esse mediatorem«) sind zwei verschiedene Wirklichkeiten. *Vermitteln* heißt unterstützen, eintreten, ein gutes Wort einlegen, helfen und überhaupt jedes mittlerische Tun. Auf diese Weise wirkt der Heilige Geist mittlerisch, ohne Mittler zu sein: Joh 15,26; 16,8. *Mittler sein* jedoch bezieht sich auf die Person, die in der Mitte zwischen zwei Partnern steht und als solche mittlerische Funktionen ausübt.

Das trifft aber nur auf den Sohn (Gottes) zu; denn durch die göttliche und die menschliche Natur legt er seine Hand auf beide Partner[58]. 1 Tim 2,5: »Einer (ist) Mittler zwischen Gott und den Menschen: der Mensch Christus Jesus.« Super Ioh.14,16 (B.24, 540b).

149. Ijob 9,33: »Gäbe es doch einen Schiedsmann zwischen uns! Er soll seine Hand auf uns beide legen.« Das ist nun aber das aus Maria hervorgebrachte Heilige, Sohn des Menschen, und der aus Gott geborene Sohn Gottes, der die Hand der Gottheit auf den Vater legt und die Hand der Menschheit auf uns. Deshalb sagt der Apostel 1 Tim 2,5:

»Einer (ist) Mittler zwischen Gott und den Menschen: der Mensch Christus Jesus.« Gal 3,20... Hebr 8,6... Super Luc.1,35 (B.22,106b).

150. Christus, insofern er Mensch ist, ist mit dem Menschen verbunden, und kraft seiner Einung mit der Person des Gottessohnes ist er mit Gott verbunden. Mit dem Menschen hat er die Sterblichkeit gemeinsam, die ein Weg zur Versöhnung mit Gott ist durch die Erstattung des Lösepreises. Mit Gott verbunden ist er durch die Heiligkeit und Gnadenfülle, und ohne diese Gottverbundenheit wäre er nicht ein verbindendes »Medium«, sondern ein trennendes Mittleres wie der Dämon.

So ist beides ein Vermittelndes (»medians«), einmal das, worin er mit dem Menschen übereinkommt, nämlich die Sterblichkeit, die in Unsterblichkeit übergeführt wird, sodann aber auch das, worin er mit Gott übereinstimmt, nämlich die Gnadenfülle[59], »aus der wir alle empfangen, Gnade über Gnade« (Joh 1,16).

Demnach ist das Mittlere (»medium«) hier nicht in Bezug auf die Natur zu fassen - weder auf die göttliche noch auf die menschliche —, *vielmehr auf zwei Eigentümlichkeiten der einen mit dem Sohne Gottes im Personsein geeinten menschlichen Natur* des Menschen Christus Jesus. Von diesen zwei Eigentümlichkeiten ist die eine mit dem Menschen verbunden — die Sterblichkeit —, die andere mit Gott — die Gnadenfülle —, und in beiden ist für das Untere ein Weg zum Höheren, für den Menschen also die Hinfüh-

rung zu Gott, die Versöhnung mit Gott. Darin besteht ja die Aufgabe (»actus«) des Mittlers. — Vgl. Nr. 110.116.
Christus ist in *dem* Sinn ein Mittleres (»medium«), daß er *Mittler ist und die eine Seite mit der anderen zusammenbringt,* und deshalb muß er Eigentümlichkeiten der beiden Partner in sich haben. — Hinter dieser eindringenden und anstrengenden Analyse des Mittler Seins steht ein »langes und gutes« Zitat von Augustinus (De civitate Dei 9. Buch). — Super III Sent.d.19 a.10 ad (B.28,350b—351a). Der durch den Heiligen Geist Empfangene und von Maria Geborene, der Mensch Christus Jesus allein, ist der Mittler. Dafür gibt Albert gemäß seiner Schreibart in konkreten Ausdrücken zwei Elemente an[60] »Medium« = ein Mittleres, nicht auf die zwei Naturen in Christus bezogen, sondern auf zwei Eigentümlichkeiten der einen mit der Gott-Person geeinten menschlichen Natur-Sterblichkeit und Gnadenfülle —, und in jeder der beiden Eigentümlichkeiten ein Weg (»via«), das heißt das Zusammenbringen des Unteren mit dem Höheren, des Menschen mit Gott (Gegensatz von »via« ist »abductio« = Trennung, Entfremdung, wie beim Dämon).
In diesen drei Texten (148—150) ist die Antwort auf die Frage nach der mittlerischen Funktion Marias programmiert. Diese Frage wird ja bei Albert nicht thematisch.[61] *Maria besitzt also nicht das Mittler-Sein: Mittler ist allein der Mensch Christus Jesus. Zum Mittler-Sein ist erforderlich die Einung der menschlichen Natur mit der Person des ewigen Wortes im Sein. — Vgl. ebendort ad 3*

(p.351a). Maria hat aber eine »gratia viae«, *das heißt: ihr ist eine vermittelnde Funktion übertragen*[62], *sofern sie der Welt den Erlöser bringen durfte und — zweitens — durch das Beispiel ihres ganz an Gott gegebenen Lebens sowie durch ihre einmalig-mächtige, weil mütterliche Fürbitte die Menschen zu Jesus bringen kann, nachdem sie Jesus den Menschen gebracht hat. Sie zieht ja die Menschen nicht zu sich selbst, sondern über sich hinaus zu Jesus. Alles Heil wird gegeben auf ihre Fürbitte hin, und deshalb ist es ihr Herzenssache, daß »das Wort des Herrn sich ausbreitet und verherrlicht wird« (2 Thess 3,1). Sie hat etwas vom Dynamischen des Mittlertums, nicht jedoch das Ontologische.*

151. Auch die Engel in der himmlischen Vollendung empfangen Licht von der seligen Jungfrau. Aber die Erleuchtung, die von ihr ausgeht, ist nicht ein geschöpfliches Licht (das nicht »die Ursache für die Erleuchtung der ewigen Glorie« sein kann), vielmehr Gott selbst. Gott ist das Licht, das sie zum Leuchten bringt und aus ihnen leuchtet, und so ist in Maria, wie in allen Engeln und Geheiligten, direkt Gott selbst sichtbar. Alle Himmlischen schauen ja Gott *in sich selbst* und *in seinen Heiligen,* vor allem in Maria als der Gott-Nächsten (»proxima Deo«). Maria ist also auch für die Geistwesen in prägnantem Sinn ein personales Angebot und trägt zu ihrer Erleuchtung und Beglückung bei. — De IV coaeq.q.32 a.2 qla 1 (B.34,513b). — Vgl. Nr. 141.

152. All den vielen Gläubigen, die sie suchen, steht sie in Notsituationen bei, und so wird durch die

vielen, die von ihr Hilfe erfahren haben, Gott immer mehr Dank gesagt. Super Luc. 10,42 (B.23,90b). —

Ein uraltes Mariengebet, das im Osten wie im Westen gesprochen wurde und wird, ist durch einen glücklichen Zufall — und Zufall ist ja nur ein Pseudonym für Gottes Vorsehung — auf einem Stückchen Papyrus mit zehn Zeilen erhalten geblieben und vor Jahren wiedergefunden worden, nämlich auf griechisch die kurze Antiphon der Liturgie: »Unter deinen Schutz fliehen wir, heilige Gottes-Gebärerin (»Theotocos«): Überhöre nicht unsere flehentlichen Bitten in unserer Not, sondern befreie uns immer aus der Gefahr!« Durch den Papyrusfund gelangte das Gebet zu großer Bedeutung in der Geschichte der Marienverehrung, zumal es, wie es in solchen Fällen immer anzunehmen ist, schon geraume Zeit vor der Niederschrift (im 3. oder am Anfang des 4. Jahrhunderts) den Christen der Ostkirche — persönlich und in der Liturgie — geläufig war, worauf auch der »Theotocos«-Titel hinweist, der mindestens seit der Mitte des 3. Jahrhunderts in kirchlichem Gebrauch war.

153. Nachdem sie einen Sohn körperlich geboren hatte, hat sie im geistlichen Leben (»spiritualiter«) viele genährt durch Stärkung zum Fortschritt ins Bessere. 1 Kor 3,1—2: »Als unmündigen Kindern in Christus gab ich euch Milch zu trinken statt fester Speise.« — Super Luc. 11,28 (B.23,176a). —

Die geistig-geistliche Mutterschaft Marias spricht die gleiche Wirklichkeit aus wie ihre mittlerische Tätigkeit am Heil: Die liebende Sorge und Sehnsucht um das Gebo-

renwerden und Gestaltgewinnen Christi in den Menschen.

154. Rut 2,7: (Die junge Moabiterin) »hielt aus vom Morgen bis jetzt und gönnte sich keine Ruhe.« Diese Frau arbeitete auf dem Acker und trug des Tages Last und Hitze, unterbrach die Arbeit nicht und ging nicht zwischendurch nach Hause, um für die Familie zu sorgen und eine Pause im Ährenlesen einzulegen.
Unter den Ähren, die liegenblieben, lassen sich jene Menschen verstehen, die nicht zu den Schnittern, das heißt: zu den Aposteln, kommen und durch die List des Teufels den Händen der Schnitter entzogen wurden. Gerade ihnen geht die Königin der Barmherzigkeit auf dem Acker des göttlichen Erbarmens nach und sammelt sie ein und trägt sie mit ihrer Fürbitte — wie auf den Schultern — in die Scheune Gottes, das heißt: in die Gemeinschaft der Kirche. — Super Luc.10,40 (B.23, 86a/b). —
Die »Königin der Barmherzigkeit« ist nicht eine selbständige Instanz. In Sachen des Heils gibt es keine Eigenmächtigkeit des Geschöpfes. Heil spendet der Herr allein durch seinen Heiligen Geist. Maria als die Mutter Jesu wendet sich betend an seine erbarmende Liebe.

155. Wenn die Kinder den Eltern Ehre zu erweisen haben, dann ist die Ehrung dieser Mutter einmalig groß. Sie wurde und wird von Gott und Christus, dem Sohn ihres Schoßes, hier auf Erden und im

Himmel hochgeehrt. — De nat.boni (Ed.Col.t.25,1 p.44 v.75—78). — Vgl. Nr. 201.

Wie im Zustand der Pilgerschaft, so auch im Zustand der Vollendung steht sie bei Gott und Christus — als die Mutter für sein Menschsein — in Ehren, und das wirkt sich auch in ihrem Helfen zum Heil aus. Ihre Bitten als die Bitten der in Gottes Huld und Wohlgefallen so hoch stehenden Mutter Jesu haben einen für alle anderen geschöpflichen Gottesfreunde unerschwinglichen Wert. — Vgl. Nr. 90.136.157.

156. Die zwei Hände am Thron Salomos (1 Kön 10,18—20) bedeuten die doppelte Schutzwirkung ihrer Unterstützung (»suffragium«). Mit der einen Hand vertreibt sie den bösen Feind, indem sie Fürbitte einlegt bei ihrem Sohn mit dem Hinweis auf die körperlichen Insignien ihrer Mutterliebe, oder darauf, daß ihr Leib ein Tempel der Gottheit war und ist und bleibt; mit der anderen Hand reicht sie die vom Herrn erflehten reichen Gnadengeschenke einem Armen dar, der sie anruft. — De nat.boni (p.45 v.19—25). — Vgl. Nr. 162.

157. Die erhöhte Mutter des Herrn erfreut sich der Ehrung durch ihren Sohn, der ihr einen Thron in seiner Nähe aufstellen ließ. Eine Vor-Bildung dessen steht 1 Kön 2,19, wo berichtet ist, daß für die. Mutter des Friedensfürsten (»pacificus«) Salomo ein Thron in seiner Nähe aufgestellt wurde. Von diesem Thron des Friedens und des Glückes schaut sie voll mütterlicher Liebe und Milde auf alle, die um ihre Gunst anhalten, wie bei Jeremia steht (14,21): »Ver-

stoß nicht den Thron deiner Herrlichkeit! Gedenke deines Bundes mit uns, und löse ihn nicht!« — De nat.boni (p.45 v.54—62). — Vgl. Nr. 139.

158. Nach dem Beispiel des ersten Patriarchen (Abraham) glaubte sie »gegen alle Hoffnung voll Hoffnung« (Röm 4,16—18), das heißt: gegen alle *natürliche* Hoffnung, wodurch eine Jungfrau vermählt wird auf Nachkommenschaft hin, aber voll *gnadenhafter* Hoffnung, daß sie dem Sohne Gottes die Mutter würde in seiner Menschwerdung und infolge davon die Mutter aller Glaubenden, denen sie den Erlöser gebracht hat. — De nat.boni (p.45 v.76—81). — Vgl. Nr. 105.

Die Jungfrau Maria, vom Heiligen Geist mit Fruchtbarkeit beschenkt, hat Christus, das Haupt des Leibes, der die Kirche ist, in leiblicher Wirklichkeit empfangen und geboren, damit zugleich aber auch auf geistige Weise die dem Haupte Christus zu verbindenden Glieder. — Vgl. Nr. 179. — Sie ist die Mutter der Kirche *geworden durch die Glaubenshingabe und Demut, durch das Vertrauen und die Liebe, womit sie es übernahm, die Mutter des Erlösers zu werden, also die Mutter des Hauptes des Leibes der Kirche. So wurde sie dem Sohne Gottes die Mutter dem Leibe nach, wurde aber in demselben Augenblick der Menschwerdung des Gottessohnes die Mutter der Glieder des Leibes Christi im geistigen Sinn: Mutter Gottes dem Leibe nach, der Menschen Mutter durch die zarte Mutterliebe (»pietate«). — Vgl. Nr. 195.*

159. Der Jungfrau ist es unmöglich, das Erbarmen aufzugeben und mit den bedrängten Gliedern des

Leibes ihres Sohnes kein Mitleid zu haben. — De nat.boni (p.61 v.32—34). — Vgl. Nr. 66. —
Die Liebe Christi drängt sie zum Helfen in Verlassenheit. Denn es geht ihr ja um Christus und seinen Gemeinschaftsleib, der die Kirche ist. Der Kirche als ganzer gehört zuallererst ihre Fürsorge und Fürbitte. Dabei möchte sie aber gerade denen helfen, die so sehr bedrängt sind, daß sie keinen Sinn im Leben sehen und keine Hoffnung haben. Ihnen mochte sie Licht und Kraft vom Herrn erflehen, der ihnen den einzigen richtigen Lebensweg zeigt, der er selber ist, ihnen Hoffnung und Zukunft garantieren. — Vgl. Nr. 144.

160. Alle Glieder des mystischen Leibes ihres Sohnes umfängt sie wie leibliche Kinder mit innigster Liebe. — De nat.boni (p.61 v.43—44).

161. In ihr ist auch die »Gnade des Weges« (Vgl. Sir 24,18 Vulg.)[63], auf dem man durch ihr Leben als Beispiel heilswirksam zu Jesus geht (»qua itur ad Iesum«). — De nat.boni (p.83 v. 17—19). —
Für die Nachfolge in der Liebe Christi ist den Menschen in Maria, die auch nur ein Mensch ist, ein anziehungsmächtiges Vorbild gegeben. Maria ist nach und unter Christus die nur—menschliche Norm christlicher Lebensgestaltung. Der Heilige Geist hat den Glauben und die Demut in ihr groß gemacht und sie zur größten Liebe erweckt, so daß sie eine Herausforderung und eine Ermutigung ist für alle, die ihr Leben auf den christlichen Werten und damit auf den höchsten menschlichen Werten aufbauen wollen.

162. In ihr ist (nach und unter Christus) »alle Hoffnung des Lebens«, das heißt: des ewigen Lebens, durch ihre Suffragien, und »Hoffnung der Tugend« durch ihr Leben als Beispiel (»exempla«). De nat.boni (p.83 v.24—26). — Vgl. Nr. 150 Schlußabschnitt. —

Das »Suffragium« umfaßt Schutz gegen die Feinde des Heils, Anteilsgewährung an ihren eigenen übergebührlichen Genugtuungen und Verdiensten aus Gnade, sowie die mütterlich besorgte Fürbitte um Heil, die auf ihrem Dienst an der Menschwerdung des Sohnes Gottes beruht. — Vgl. Nr. 156.

163. Wenn wir zu ihr gelangen wollen, müssen wir ihren Spuren folgen. — De nat.boni (p.83 v.40—41). — Vgl. Nr. 67.

Zur glaubwürdigen Marienverehrung gehört die Nachahmung, damit — wie Albert anderswo schreibt — der Grüßende der Gegrüßten in etwa ähnlich werde. — Vgl. Nr. 67. — Vor allem ist Maria durch den Glauben der Magd des Herrn der Weg für alle Heilssucher geworden. Im Evangelium steht die Mutter Jesu in freudiger Entscheidung für Gott, in letzter Bereitschaft vor Gott, in ganzer Hingabe an Gott. Ihr Glaubensgehorsam, vom Heiligen Geist geschenkt und vom Herrn seliggepriesen, als er den Glauben der Kirche pries, soll vorbildlich sein für die Mitglieder der Gemeinde Christi und für alle Menschen, die ja alle durch das unsichtbare, unbegrenzte und letzten Endes unwiderstehliche Wirken des Heiligen Geistes zu Christus, »dem menschlichsten der Menschen« (Vat.II) in seiner Kirche finden sollen.

164. »Der Tau, den du sendest, ist ein Tau des Lichtes« (Jes 26,19). Auf die Jungfrau senkte sich der Tau der Gnade in Fülle, so daß sie dem, der mit Vertrauen zu ihr kommt, unablässig und gleichsam strömend mancherlei Hilfen zukommen läßt, mit denen Früchte christlichen Handelns hervorsprossen und sich zur Reife der Beharrlichkeit entwickeln. — De nat.boni (p.91 v.44,49).

165. Die dritte »Etymologie« des Namens Maria (scil. »domina«) bezieht sich auf den erlesenen Vorrang unter den Geretteten...; als die erste und die Herrin steht sie im Glanz der Vollendung aller Geheiligten. — Super Matth.1,18 (Ed.Col.t.21,1 p.28 v.25—26; v.34—36). —
Das ist eine erste Erklärung für den von Albert mit Vorliebe gebrauchten Titel »Königin«, »Königin-Mutter«, »Königin der Barmherzigkeit«. Königin in dem gebräuchlichen übertragenen Sinn ist also die erhöhte Mutter des Herrn als die — nach der Menschheit Christi — erste unter den Geschöpfen in der Herrlichkeit, als die größte Liebende, »proxima Deo«, der als der Mutter des Erlösers mehr geschenkt worden ist aus der Fülle Gottes: »cui plus donatum est«. — Vgl. Nr. 115.

166. Vom König der seligen Ewigkeit (»beatitudinis«) ist Maria auch in eine Teilhabe an seiner himmlischen Herrschaft hineingenommen, und so wurde sie würdig gemacht, mit Recht »Königin des Himmels« genannt zu werden. — De nat.boni (Ed.Col.t.25,1 p.79 v.91—93). —

Sie ist also Königin nicht nur im übertragenen Sinn des Überragens, sondern irgendwie auch im eigentlichen Sinn, nämlich als (Mit- oder Sekundär-)Teilhaberin an der Gnadenherrschaft ihres Sohnes: »Dominii particeps effecta«, »regni consors«. So hat sie in der Vollendung das unsterbliche Leben in der Liebe Gottes (»stola corporis«) und mit der innigsten Lebensgemeinschaft in Christus mit Gott (»stola animae«) zusätzlich auch Mutterfreude aus dem Helfen zum Heil für eine Schar, die niemand zählen kann. Kraft des »Principium consortii«, der Solidargemeinschaft zwischen Jesus und Maria, hat der Herr mit sich seine Mutter solidarisch gemacht wie im Leiden und Sterben und in der Nichtverwesung, so auch bei der Ausspendung des Heils. Vgl. Nr. 133.

167. Alle Geheiligten führen das, was sie an Würde und Gnade erhalten haben, auch auf die gebenedeite Jungfrau und Mutter zurück — unter Gott und Christus, ihrem Sohn. — Super II Sent.d.2 a.8 ad 5 (B.27,58b). — Vgl. Super Luc.1,49 (B.22,130a). Nach Jesus und Gott verdanken alle Vollgerechtfertigten die Versöhnung mit Gott der verklärten Mutter des Herrn, wobei das »unter« und »nach« einen unbegrenzten Abstand bedeutet. Vgl. Nr. 115, Nr. 41.
Alle Seligen des Himmels haben auf ihre Fürbitte hin (»intercessione eius«) Erbarmen und Gnade bei Gott gefunden. Der Sache nach, wenngleich nicht im Ausdruck, ist hier gelehrt, daß Gott der Mutter des Herrn eine allgemeine Gnadenvermittlung durch Fürbitte übertragen hat. Als Fürbitterin — nachgeordnet unter den Gott-

ebenbürtigen Fürsprecher beim Vater: 1 Joh 2,1 — ist sie in die Gnadenherrschaft ihres Sohnes aufgenommen.

168. Höre uns, selige Jungfrau, denn dein Sohn ehrt dich und schlägt dir keine Bitte ab. — Super Luc.1,28 (B.22,64a). — Vgl. Nr. 202.
Die — im Wortlaut — gleiche Bitte ist schon ausgesprochen von Petrus Damiani (+ 1072) und in einer berühmten, Hermann dem Lahmen von der Reichenau (+ 1054)[64] zugeschriebenen Mariensequenz: »Ave, praeclara maris stella«.

169. Durch sie haben wir Zugang zum Sohne (Gottes) und durch den Sohn zum Vater. — Super Luc.11,27 (B.23,163a). — Marias direkter Ansprechpartner bei ihrem Heilsdienst ist ihr Sohn Jesus.

170. Mit Mutterliebe und Erbarmen trägt sie ihrem Sohn für die Schuldig-Gewordenen Fürbitten vor und unterstützt die Bußwilligen, für die sie vom Überschuß ihrer gnadenhaften Genugtuungen und Verdienste dem Herrn anbietet, damit sie in den Stand des göttlichen Wohlgefallens zurückversetzt werden. So erwirkt sie es, daß die »Gefäße des Zornes« wieder treffliche »Gefäße des Erbarmens« werden, »die Gott für seine Herrlichkeit vorherbestimmt hat« (Vgl. Röm 9,22—23). — De nat.boni (Ed.Col.t.25,1 p.51 v. 53—59). —
Besonders nimmt sich Maria des größten Anliegens der Christen und anderer Menschen an, nämlich der Vergebung, der ewigen Erlösung in Jesus Christus. — Charles Péguy (+ 1914), der vom Geheimnis des Bösen so sehr

gequälte Schriftsteller, sah — nach seiner Rückkehr in die Kirche — im »Ave, Maria« »die Hilfe, mit der man nicht verlorengehen kann«.

171. Von ihrer hohen Würde aus beugt sie Strahlen ihres gewohnten Wohlwollens auf die geringsten Anliegen der Menschen herab; denn es gibt keinen, der noch nicht erfahren hätte, daß in seinen Nöten die Gottesmutter mit ihrem Erbarmen ihm nahe war. — De nat.boni (p.51 v.74—78). —
*Unter den nicht-eingeschränkten »geringsten Anliegen« sind hier auch zeitliche Anliegen zu fassen, wie Krankheit, Leid, materielle Not, Familienschwierigkeiten, Generationsprobleme, Sicherheit im Straßenverkehr, die freilich zurückzustellen sind hinter das Ewige und hinter das Ganze von Kirche und Welt. Kein Gebet überhaupt ist vergeblich gesprochen, das ist altchristliche und echtchristliche Überzeugung; vergeblich ist auch kein Gebet zu Maria, auch nicht im geringsten persönlichen Anliegen, wenn die Bitte dann vielleicht mehr als einmal auch nicht in dem gewünschten Sinn erhört wird, sondern in einem besseren Sinn, wie Gott es weiß und will zum wirklichen Wohl des Bittenden. In allen zeitlichen Anliegen muß ja immer, ob ausgesprochen oder nicht, die zentrale Bitte aus dem »Vater unser« im Vordergrund stehen: »Dein Wille geschehe...« — »Wer sich auf Maria einläßt, erfährt ihre Hilfe an allen Ecken und Enden« (Isabelle Löwenstein).
Die »Hilfe der Christen« kommt sprechend zum Ausdruck in der spätgotischen »Mantelmadonna«, wo allen christli-*

chen Ständen und allen Menschen Schutz geboten wird: »Maria, breit den Mantel aus!«

Hilfsdienst zum Heil erbringt Maria einmal als Vorbildursache, die beispielhaft wirkt auf die anderen Glieder am Leib Christi, der die Kirche ist; sodann auch als dienende moralische Wirkursache *durch ihre Fürbitte bei Christus*, dem Urheber und Vollender des Heiles. Obwohl nämlich selber Glied am Leib Christi, weil erlösungsbedürftig und erlöst »durch unseres heiligen Christus Heiligkeit«, wie alle Christen, hat sie doch eine für alle Mit-Glieder am Leib Christi unerreichbare Erhörungswürdigkeit und Heilsmächtigkeit, die in ihrer vollständig gefaßten Gottesmutterschaft ihre Wurzel hat und sich auf alle Menschen und auf alle, allen Geretteten verliehenen Heilsgaben erstreckt. Daher wendet die pilgernde und immer bußbedürftige Kirche sich an die in den Glanz ihres Sohnes erhöhte Jungfrau-Mutter, um Vergebung um Christi willen von Gott zu erlangen und der wunderbaren Verheißungen Christi gewürdigt zu werden.

»Die Erfahrung von Jahrhunderten zeigt uns aufs klarste, daß Maria ihre Sendung als Mutter der Kirche und Hilfe der Christen, die auf Erden schon begonnen hat, vom Himmel aus mit größtem Erfolg weiterhin ausübt« (Giovanni Don Bosco). — »So große Liebe hegt sie zu uns und soviel Mitleid empfindet sie bei unseren Bedrängnissen, daß sie nicht aufhört, für uns Fürbitte bei ihrem Sohn einzulegen, um uns vor Schaden zu bewahren und Gnadenhilfen für uns zu erlangen« (Bischof Alfons von Liguori).

XI. Hauptquelle für das Kindheitsevangelium (Lk Kap.1—2)

172. Daß das Geheimnis der Menschwerdung in der Jungfrau geschähe, ihr aber verborgen bliebe, entspräche nicht der Ehre der Jungfrau-Mutter und wäre eine Gefahr für unseren Glauben.
Denn ohne Mitteilung durch Maria würde es vom Evangelisten nicht niedergeschrieben und von der Kirche nicht verkündigt, und die Jungfrau könnte nicht über etwas informieren, wovon sie keine Kenntnis haben könnte.
So also, du Selige, hat die Kraft des Allerhöchsten dich überschattet, so daß mit der gesammelten Sehkraft deines Geistes das Geheimnis dir zur Kenntnis gebracht werden konnte, und so bewirkte das Abschattende der Kraft des Allerhöchsten die Bündelung der geistigen Sehkraft, daß sie so viele und so große Lichtkugeln der verborgenen Geheimnisse erfassen und zu unserem Heil kundtun konnte. — Super Luc.1,35 (B.22,100b—101a). —
Nur auf diese Weise konnte Maria die Quelle für das Kindheitsevangelium für den Evangelisten Lukas und für die ganze Kirche werden.

173. Lk 2,19: »Maria bewahrte alles, was geschehen war, in ihrem Herzen und dachte darüber nach.« Darauf läßt sich ein Auftrag des Mose für Aaron anwenden (Ex 16,33): »Nimm ein Gefäß, schütte ein volles Gomor Manna hinein und stelle es vor den Herrn« (das heißt: vor die Bundeslade). Das kleine

Gefäß (Gomor) ist das demütige Herz der seligen Jungfrau, in dem das Manna des ungeschaffenen und des geschaffenen Wortes Gottes aufbewahrt wird. »Das volle Gomor«, das heißt: für den vollen Bedarf der Kirche. »Und stelle es vor den Herrn«; nämlich im beschaulichen Gebet. »Zur Aufbewahrung für die nachkommenden Generationen«, damit die Apostel, die Evangelisten und die ganze Kirche Unterweisung finden über Christus und seine Worte. — Super Luc. 2,19 (B. 22, 218a/b). — Vgl. Nr. 50. —

Auch wo sie nichts mehr verstand, bewahrte sie alles Geschehene in ihrem Herzen, das heißt: sie glaubte, wertvoll in sich, beispielhaft für uns, ergiebig für die künftige Unterrichtung der Apostel und Evangelisten.

Bei ihrer ehrfurchtsvollen Verschwiegenheit und demütigen Zurückhaltung aber wartete sie den von Gott bestimmten Zeitpunkt ab, um sich als »Lehrerin der Apostel« (»Doctrix apostolorum«) zu betätigen, und was sie von dem heiligen Geschehen weitergab, ist göttliche Offenbarung. Um der Ehre seiner Mutter willen und zum Wohl der Kirche wollte ihr der Herr Kenntnis von dem in ihr sich vollziehenden Geheimnis schenken. Maria ist die vom Heiligen Geist in das Geheimnis eingeweihte und durch das Geheimnis höchstgeweihte Mutter des Erlösers. Anzunehmen ist wohl auch, daß sie die Apostel als die ersten Priester in den Geist und in die Gesinnung ihres göttlichen Sohnes miteinführte.

175. Lk 1,36: »Auch Elisabeth, deine Verwandte, hat noch in ihrem Alter einen Sohn empfangen.« Einer

der wahrscheinlichen Gründe, die von den Heiligen der Vorzeit für diesen Hinweis angegeben werden, besagt, die Jungfrau sollte über die Geburt des Vorläufers, die demnächst durch Nachbarn und Verwandte bekanntgemacht werde, nicht durch Menschen, sondern durch Offenbarung in Kenntnis gesetzt werden; denn Menschenworte sind wenig sicher, göttliche Offenbarung aber absolut sicher (»certissima«). Deswegen unterrichtete sie die Evangelisten und Apostel mit größerer Sicherheit, und wir können mit größerer Festigkeit glauben, da uns vom Himmel die Wahrheit bezeugt wurde. 2 Petr 1,18: »Denn wir sind nicht irgendwelchen klug ausgedachten Geschichten gefolgt, als wir euch die machtvolle Ankunft Jesu Christi, unseres Herrn, verkündeten, sondern wir waren Augenzeugen seiner Macht und Größe.« Super Luc. 1,36 (B. 22, 107b). — Vgl. Nr. 50. —
Von Gott durch Offenbarung über das wunderbare Geschehen belehrt, konnte Maria den Aposteln und Evangelisten untrügliche Kunde geben und so alle folgenden Christengenerationen im Glauben bestärken helfen.

176. Lk 2,19 (siehe oben Nr. 173). Später hat sie die Apostel und die Jünger für die Predigt, und die Evangelisten für die Niederschrift in die Geheimnisse des Lebens Jesu eingeführt. — Super Luc. 10,40 (B. 23, 85b). —
Mit Theologen des 12. Jahrhunderts nimmt Albert an, in der Zeit nach Pfingsten sei Maria in der Urgemeinde »Doctrix apostolorum« gewesen. Eine geläufige, auch von

Rupert von Deutz (+ 1135) gebrauchte Formulierung war »Magistra magistrorum«.

177. Nicht nur Lukas und Markus, sondern auch Matthäus und Johannes haben Nachrichten von anderen empfangen über den Ursprung, die Geburt und die Kindheit des Erlösers, vor allem von Maria und Josef sowie von den Sterndeutern und den Hirten. — Super Luc.1,2 (B.22,4a). —

Maria ist also in der Jüngerschaft Jesu die erste, die den Glauben an die Geheimnisse der Kindheit Jesu weitergegeben und der Urgemeinde von dem heiligen Innenleben Jesu erzählt hat. Sie ist die erste der Frauen und Mütter, denen ja zu allen Zeiten die Sendung zur Erstverkündigung des Evangeliums in der Familie anvertraut ist.
Die Kirche ist gemäß den von der Bibel gedeckten Aussagen der Kirchenväter ebenfalls Mutter und gebiert — wie Maria in der Kraft des Heiligen Geistes — immerfort Kinder Gottes. Darum hängt die Mutterschaft Marias so eng mit der Verkündigung und Bezeugung des Evangeliums in der Gegenwart zusammen. Echte Marienverehrung verlangt also Einsatz in der Gemeinde der Glaubenden in irgendeiner und in jeder möglichen Form. Alle Christen sind daher vom Herrn in die ehrenvolle Pflicht genommen, an der Evangelisierung, an der Weitergabe des Glaubens, mitzuwirken, und dafür ist uns die Mutter des Herrn das entscheidende Vorbild aus der Anfangszeit der Kirche und zugleich für alle Zeit die mütterliche Helferin durch ihre einmalig-erhörungswürdige Fürbitte. Wie in der Liturgie darum gebetet wird, »daß wir nach dem Beispiel ihres Glaubens und ihrer Liebe so leben, daß auch

wir dem Werk der Erlösung dienen« (Votivmesse von der Mutter Gottes).
Maria wurde von Gott gewürdigt, durch ihren gelebten und bezeugten Glauben ein mittragender Grund und eine stützende Säule der Kirche zu werden[65]. — Vgl. Nr. 129. — Je nach seinem Charisma muß jeder Christ eine Stütze für den Glauben der Kirche sein.

178. Im Himmel ist der Mutter des Herrn zur wesentlichen Seligkeit der Gotterfüllung hinzu die dreifache besondere Ehrung (»aureola«) der Glaubensverkünder, der Jungfrauen und der Martyrer verliehen[66]. Sie war ja die *Informantin der Apostel* für die Geheimnisse der Kindheit Jesu, die *Jungfrau der Jungfrauen*, und *Martyrin*, deren Seele das Schwert der Schmerzen ihres Sohnes durchdrang[67]. — Super Luc. 10,42 (B. 23, 91a/b). —
»Aureola« ist in der theologischen Tradition eine zum eigentlichen Himmelsglück (»aurea«) in der vollendeten Lebensgemeinschaft in Christus mit Gott hinzukommende (akzidentelle) Auszeichnung. Albert versteht darunter eine eigene Ehrung und Freude[68] wegen einer über das Gewöhnliche hinausgehenden Verähnlichung mit Christus, der als Mensch einen dreifachen vollen Sieg errungen hat: Christus, der Urheber des Glaubens (gegen den Dämon); der Martyrer am Kreuz; Christus, der Liebhaber, der Vollender und der Ruhm der Jungfräulichkeit. Vgl. Nr. 80.
Der Existenzgrund der »Aureola« ist eine spezielle Verähnlichung mit Christus (»ex conformitate ad Chri-

stum«)⁶⁹. Als Ehrenkranz und Freude ist die »Aureola« eine zusätzliche Anerkennung für die Geehrten, noch eher und mehr aber eine Verherrlichung des »Siegerkönigs« Christus[70].

In den älteren Schriften sprach Albert der seligen Jungfrau nur die »aureola virginum« zu, wegen der durch ein Gelübde übernommenen Jungfräulichkeit — »imitando Christum virginem«. Freilich nimmt er auch in ihr — im Unterschied von Thomas von Aquino — seelische Spannungen an (Vgl. Nr. 35), die aber für ihre große Seele kein Problem waren und sogleich verschwanden wie ein Wassertropfen im Kamin[71].

Im viel jüngeren Lukaskommentar schreibt er sowohl dem Täufer Johannes[72] wie der Gottesmutter sämtliche drei »Aureolae« zu: als der »Doctrix apostolorum«, die ihnen das Kindheitsevangelium übermittelt hat, als der »Blüte der Virginitas«, als der Martyrin durch ihr Herzensmartyrium.

XII. Bild der Kirche

179. Im eigentlichen Sinn besagt »mystischer Leib« nur die dem Haupt verbundenen Glieder. Super IV Sent.d.13 a.33 (B.29,393a). — Vgl. Nr. 158.

Vgl. 1 Kor 12, 13: »Durch den einen Geist wurden wir in der Taufe alle in einen einzigen Leib aufgenommen...« — Albert gibt zu verstehen, daß in der Leib-Metapher hier und jetzt das Haupt Christus nicht mitgefaßt ist. Er sieht also in der Kirche eine vom Haupte Christus unterschiedene — nicht getrennte — Größe. Damit hat er einen Freiraum gefunden für die Vergleichung Maria-Kirche.

180. Es gibt heilige Güter, die der *Heiligung des Lebens* dienen, und solche, die zur *hierarchischen Vollmacht* gehören. An den Gütern des heiligen Lebens waren auf Erden nur Christus und seine Mutter vollendet. Super Dion. De eccl.hier.c.1 § 5 dubium (B.14,488). — Vgl. Nr. 41. —

Die Familie, die Christus um den hohen Preis seines Blutes erkauft hat[73], wird hier als eine von Christus unterschiedene Größe nur unter der Rücksicht des Inneren der Kirche, das heißt: der Lebensgemeinschaft mit Christus betrachtet, nicht auch unter der Rücksicht des Amtes und der hierarchischen Ordnung, und so wird Maria als Bild der Kirche sichtbar, sofern sie deren Inneres, die Vollkommenheiten der Kirche, vollkommen verwirklicht und darstellt.

Schließlich denkt Albert zwar vorwiegend an die Kirche der Erde, bezieht doch aber auch gelegentlich die Kirche des Himmels mit ein.

Marias Platz ist nicht über der Kirche, nicht zwischen Christus und der Kirche, sie steht als Glied, als Teil in der Kirche.— Vgl. Nr. 143. — Unter diesem Aspekt betrachtet Albert die Mutter des Herrn, wenn er über ihre einzigartige Rolle in der Geschichte des Heils und in der Kirche spricht und zwischen ihr und der Kirche Vergleiche zieht.

Dabei verwendet er mit Vorliebe das von älteren Theologen selten gebrauchte Wort »figura«, das einfach durch »Bild« (nicht »Urbild« oder »Abbild«) wiederzugeben ist[74].

Nach platonischer Denkweise gibt es ein Bild, das eine Wirklichkeit nicht nur wiedergibt, nicht nur deren Abglanz ist, sondern sie noch reicher enthält als das Abgebildete selber, ähnlich wie im Denkprozeß der Begriff (conceptus) eine Sache auf höhere Weise ausdrückt als die Sache sich selber.

In der Anwendung auf Maria ist demnach zu sagen: Die Wirklichkeit, die in Maria aufleuchtet, ist die Kirche nach ihrem Innenleben, diese Wirklichkeit ist jedoch herrlicher in Maria, ihrem Bild, als in der Kirche selber. In Maria schaut die Kirche eine sie an Herrlichkeit übertreffende Verkörperung ihrer selbst, sie findet ihre Identität in Maria.

Thomas von Aquino veranschaulicht einen ähnlichen Bild-Begriff mit der Verklärung Jesu auf dem Berg (Mt 17,1—8). Er nimmt diese als Bild der endgültigen Verklärung der Seligen, denkt sie aber als eine mächtigere Wirklichkeit gegenüber der endgültigen Verklärung der Geretteten[75].

Dem mittelalterlichen wie dem antiken Menschen, der mit dem Ineinander von Symbol und Wirklichkeit und mit der mystischen Bibelauslegung so sehr vertraut war, verursachte dieser Bild-Begriff nicht soviel Schwierigkeit wie dem mit Rationalismus behafteten modernen Menschen.

181. Lk 2,35: »Dir selbst aber wird ein Schwert durch die Seele dringen.« Eine dritte Auslegung ist mystischer Art. Eph 6,17: »Nehmt den Helm des Heiles und das Schwert des Geistes, das ist das Wort Gottes.« Hebr. 4,12: »Denn lebendig ist das Wort Gottes, kraftvoll und schärfer als jedes zweischneidige Schwert.«
Das Wort Gottes durchdringt die Seele des Glaubenden, das aber ist Maria, *sofern sie das Bild* (*»imago«*) *der Kirche ist*. Denn der Herr »ist nicht gekommen, um Frieden zu bringen, sondern das Schwert« (Mt 10,34). Super Luc. 2,35 (B.22,241b). Vgl. Nr. 125. —
Zuerst gibt Albert — wie in den älteren Schriften — die Auslegung des Johannes von Damaskus: Maria, vom Schwert der Schmerzen ihres Sohnes durchbohrt, mußte die nicht durchlittenen Geburtswehen um ihren Sohn nachholen. — Nr. 94.99.125.
Hier im Lukas-Kommentar nun bringt er — im Anschluß an seinen als Bibelforscher berühmten Ordensgenossen Hugo von Saint-Cher — noch zwei weitere Auslegungen, eine mit dem Namen des Johannes Chrysostomus verknüpfte und als letzte eine mystische: Das Schwert ist demnach das Wort Gottes. In Maria, die das Bild

der Kirche ist, ist jeder Glaubende zu erkennen. Daher ist in der Weissagung Simeons jeder Glaubende mitgefaßt. Denn da der Herr gekommen ist, das Schwert zu bringen, wird ein Schwert, nämlich das Wort Gottes, jedem Glaubenden durch die Seele dringen.

Maria steht wegen ihrer vollkommenen Glaubenshaltung im Tempel für die ganze Kirche, und jedes Mitglied der Gemeinde Christi muß nach ihrem Beispiel das Schwert des Geistes ergreifen, das Wort Gottes, das durchdringt »bis zur Scheidung von Seele und Geist, von Gelenk und Mark; es richtet über die Regungen und Gedanken des Herzens, vor ihm bleibt kein Geschöpf verborgen...« (Hebr 4,12—13).

182. Wird die vorgeschriebene Reinigung (Lk 2,22) im tropologischen Sinn genommen, dann bezeichnet die selige Jungfrau die Struktur (»status«) der Kirche, in der es Menschen des tätigen und des beschaulichen Lebens gibt, die alle die Reinigung suchen müssen, bevor sie im Tempel unter Danksagung sich Gott darbringen. — Super Luc.2,22 (B.22,227b). —

In Maria war nun eine »selige Verschwisterung von tätigem und beschaulichem Leben« Tatsache geworden. — Nr. 51. — Das heißt: die Jungfrau von Nazareth pflegte in den Jahren vor der Verkündigung des Herrn je nach der Forderung der Stunde das beschauliche oder das tätige

Leben auf vollkommene Weise. Dadurch aber weist sie auf die Struktur der Kirche — im Unterschied von einzelnen Personen — hin, die sich aus Aktiven und Meditativen zusammensetzt.

Beide Gruppen bringen durch ihr Verhalten und Tun Gutes zustande und bringen es Gott dar; aber vor der Darbringung sollen sie nach dem Vorbild Marias in Demut und Zerknirschung sich läutern von ihren Fehlern und Unvollkommenheiten.

Maria, die sowohl das aktive Leben für die Mitmenschen wie das kontemplative Leben vor Gott übte, steht stellvertretend für die Kirche, die Kirche darstellend, bei ihrer Reinigung im Tempel, als Vorbild für alle Christen, wenn sie Eucharistie feiern. Von Maria sollen sie die rechte Bußgesinnung vor dem Gottesdienst erlernen. Besonders der Priester, wenn er das Opfer des Sohnes darbringen will, soll sich an das Erbarmen der Mutter wenden, um die geziemende Reinigung des Herzens und die Hingabe an Gott zu erhalten[76].

183. Auf die Frage, warum Christus es vorzog, von einer Verlobten geboren zu werden, zeigt Origenes acht Gründe auf, der erste davon lautet: Darum verlobt, *damit sie eine Vor-Bildung für die Kirche sei* (»significaret«), *die auch Jungfrau und Braut ist.* Eph 5,27—28[77]: »So will er die Kirche herrlich vor sich erscheinen lassen, ohne Flecken, Falten oder andere Fehler; heilig soll sie sein und makellos. Darum sind die Männer verpflichtet, ihre Frauen so zu lieben wie ihren eigenen Leib.« Super Matth.1,18 (Ed.Col.t.21,1 p.25 v.58—66). —

Daß die Kirche die Braut Christi ist »Sponsus ecclesiae Christus«, sagt Albert[78] —, lehrt die Bibel und die Tradition[79].
Wie nun die Kirche Jungfrau und Braut ist — (»sponsa«) —, so sollte die Mutter Jesu zugleich Jungfrau und Braut sein (»desponsata«), um eine Vor-Bildung der Kirche zu sein; Braut nun aber nicht auf Grund der Verlobung, sondern durch Vermählung.
Dadurch also, daß Maria Gattin Josefs ist, bezeichnet sie die Kirche als Braut Christi, wie es im 13. Jahrhundert gewöhnliche Meinung der Theologen wurde.[80]
Daß Maria nicht »sponsa«, sondern »desponsata« genannt wurde, kommt daher, daß Albert sehr darum besorgt ist, daß die Verbindung zwischen Maria und Josef als Ehe im vollrechtlichen Sinn betrachtet wird (Vgl. Nr. 82), was nicht allgemeine Auffassung war. Dieses sein Anliegen konnte er bei der flüchtigen Erwähnung der Typologie Maria-Kirche um so eher berücksichtigen, als er die vollrechtliche Ehe Marias und Josefs (Ius usus matrimonii eingeschlossen) rein als Seelengemeinschaft versteht, in der das Vorbild aller Gattenliebe, nämlich die Liebe Christi zu seiner bräutlichen Kirche (Eph 5,27—28), in hervorragender Weise verwirklicht ist. Daher kann Albert sehr wohl in dem Vermähltsein Marias die Entsprechung zum Brautsein der Kirche sehen und zwischen der jungfräulichen und bräutlichen Kirche und der jungfräulichen und vermählten Mutter Jesu eine Parallele ziehen. Es war eine ehrbare und heilige Ehe, und sie war durch das Gelübde der Enthaltsamkeit beider Ehegatten geweiht und so segensreich, daß sie nicht nur den Eltern Segen

brachte, sondern auch allen Nachkommen der Stammeltern. — De nat.boni (Ed.Col.t.25,1 p.65 v.78—83).

184. Ps 19,6: »Dort hat er der Sonne ein Zelt gebaut, und wie ein Bräutigam tritt er aus seinem Gemach hervor.« Denn das Zelt seines Leibes hat er in die Sonne verlegt, als er vom Schoß der »mit der Sonne bekleideten« Jungfrau (Offb 12,1) umschlossen war. Aber aus dem Gemach des Mutterschoßes trat er als Bräutigam hervor, als er bei seiner Geburt sie nicht als Mutter verletzte, sondern liebend sie weihte als seine Braut »ohne Flecken und Falten« (Eph 5,27). — Super Luc.1,35 (B.22,103b—104a). — *Es geht hier um die einzigartige Geburt des Herrn, um den Austritt aus dem Mutterschoß, ohne daß der Verschluß geöffnet oder durchbrochen wurde, nämlich einfach so, wie der Strahl vom Stern ausgeht. Da wird nun Ps 19, 6 angewandt, ein vielfach auch in der Liturgie marianisch gedeuteter Vers.*
Braut Christi ist also einerseits die Kirche, die sich der Herr im Schoß Marias angetraut hat; anderseits auch Maria; denn die Liebe Christi bewirkte es, daß er bei seiner Geburt die Jungfrauschaft seiner Mutter als seiner heiligen und makellosen Braut unversehrt bestehen ließ, und in dieser Liebe ist wirksam die Liebe Christi zu seiner bräutlichen Kirche ohne Flecken und Falten, ja, die Liebe Christi zu seiner Kirche vereinigte sich gleichsam auf Maria und schenkte ihr auch im körperlichen Sinn das Jungfrausein der Braut, das die Kirche im Geistigen, das heißt: im Glauben, besitzt: »Liebend weihte er sie als

seine Braut ohne Flecken und Falten« (siehe oben). Aus der Weihe an Gott in der eigentlichen Jungfräulichkeit, das heißt: in der Glaubenshingabe unter dem Antrieb des Heiligen Geistes, sowie als Geschenk ihres Sohnes hat ihre leibliche Unversehrtheit bei der Geburt Jesu auch religiöse Bedeutung. — Vgl. Nr. 80.

So bezeichnet Albert hier die Mutter Jesu als Braut Christi, und zwar mit dem Blick auf die Kirche, und damit deutet er an, daß er die Braut-Typologie sich auf Maria auch als Braut Christi erstrecken läßt. Gegenüber der Schriftstelle Eph 5,27 sind Kirche und Maria vertauschbare Größen, und gerade der nicht-gekennzeichnete Übergang von einer Größe zur anderen macht deutlich, wie tief und lebendig die Verbindung zwischen Maria und Kirche in seinem Bewußtsein stand. Maria als Braut Christi tritt in seinem Glaubensdenken an die Stelle der Kirche, diese in sich zusammenfassend und darstellend, und die Vereinigung Christi mit seiner Braut-Kirche erreicht in Maria ihre innigste Form und ihr höchstes Maß und wird in ihr anschaubar.

Die bräutliche Hingabe und Treue der Kirche gegenüber Christus erreicht in Maria ihre volle Tiefe, findet in ihr den Widerschein in der körperlichen Unversehrtheit Marias und tritt an ihrer Gestalt noch höhergradig in Erscheinung.

185. Die selige Jungfrau ist auch das Bild *für die Zeugung im geistlichen Leben.* Diese Empfängnis geschieht im keuschen Schoß der Kirche, und mit reiner Liebe nährt und formt sie das Wort Christus (»Verbum Christum«) in dem Neugeborenen. Gal

4,19: »Meine Kinder, für die ich von neuem Geburtswehen erleide, bis Christus in euch Gestalt annimmt.« An der Stelle Offb 12,1ff ist Maria die Frauengestalt[81], mit der Sonne bekleidet, mit Sternen bekränzt, mit dem Mond unter den Füßen, der sich ihr zuneigt: Sie will ihrem einzigen Sohn das Leben schenken, und sie unterweist ihn auf die Entrückung zu Gott hin (Offb 12,5): Super Luc.11,27 (B.23,163b). —
Die Jungfrau-Mutter Maria *ist eine Vor-Bildung* für die Jungfrau-Mutter Kirche.
Die vom Urchristentum überkommene Wahrheit, daß die Kirche Mutter ist — »Mater ecclesia« — ist dem Albertus sonderlich vertraut.
Das Wie dieses Mutterseins hatte er schon an einer früheren Stelle erörtert:« Mutter ist die Kirche nicht im eigentlichen Sinn, sondern im übertragenen; nicht auf effektive, sondern auf affektive Weise. Durch die Taufe geschieht die Wiedergeburt (»secunda nativitas«), deren Bewirker der Heilige Geist ist, der alle Vergebung, Rechtfertigung, Gnade verleiht. Die Kirche ist daran mittätig durch mütterliche Sehnsucht nach dem Heil der Menschen. Ihre Mutterschaft ist also affektiver Art, nämlich Mütterlichkeit. Mit Mutterliebe trägt sie zur Wiedergeburt der Menschen bei, zu deren Geburt nach dem Bild des Sohnes Gottes«.
Marias Mutterschaft in ihrem geistig-affektiven Bestandteil, nämlich in der Mütterlichkeit, die sich in gottgefälliger, weil mütterlicher Fürbitte auswirkt, setzt sich in der Kirche fort, und die Kirche weiß sich darin mit Maria verbunden und auf Maria angewiesen. Der Mond unter

den Füßen Marias (Offb 12,1), der sich ihr zuneigt, sinnbildet die irdische Kirche, die um Marias Fürbitte fleht; die verherrlichte Mutter des Herrn aber sorgt sich und sehnt sich danach, daß Christus in den Herzen der Menschen geboren werde und Gestalt annehme. Vgl. Nr. 140.145.

Mütterlichkeit ist also die gemeinsame Eigenschaft der Mutter Christi und der Kirche Christi. Die Mutterliebe der Kirche ist in Maria vollendet und versichtbart. Die Mutter Kirche auf der Pilgerschaft und über ihr die Mutter Maria in der Vollendung sind voll tätiger Sehnsucht nach der Christusgeburt in den Menschen. In Maria ist das Muttersein der Kirche dargestellt, aber sie selber ist noch mehr Mutter als die Kirche.

Wie im Brautsein *(Nr. 184), so ist auch im* Muttersein *(Nr. 185) von den drei traditionellen Vergleichspunkten zwischen Maria und Kirche das* Jungfrausein *als dritter Punkt schon eingeschlossen. Es sind ja drei innerlich ineinandergreifende Ähnlichkeiten.*

186. Die Mutter Jesu, die mit keuschem Schoß empfängt und gebiert, ist das Bild (»imago«) der Kirche. — Super Is.11,1 (Ed.col.t.19 p.163 v.22). —

Gerade auf dem Jungfrausein *als einem gemeinsamen Zug an Maria und der Kirche liegt hier der Ton. Die Virginität der Gottesmutter vollzieht die Kirche im allgemeinen geistig nach, das heißt: im unverfälschten Glauben; nur jene Gruppen, die entweder mit dem Amt die Keuschheit übernehmen oder sie geloben, auch körperlich.*

In der Unversehrtheit des Geistes, das heißt: im Glauben Marias, ahmt die Kirche die Virginität Marias nach. Auch auf die Kirche trifft es zu, daß sie auf Grund des ihr durch den immerwährenden Beistand des Heiligen Geistes garantierten unverfälschten Glaubens die »im keuschen Schoß Empfangende und Gebärende« ist.

187. *Was ist an Schönheit an der Kirche, das nicht in Maria zu finden ist?* Sie ist eine Hoffnung der *Büßer*; durch ihre Seele drang ja das Schwert der Schmerzen ihres Sohnes, die uns die Erlösung von den Sünden brachten; deshalb kann sie irgendwie das Wort Rebekkas (Gen 27,13) nachsprechen: »Dein Fluch komme auf mich, mein Sohn. Hör auf mich, geh und hol mir, wie ich dir gesagt habe (zwei schöne Ziegenböckchen), das heißt die Opfergabe eines zerknirschten Herzens (Ps 51,10). Als *Meeresstern* führt sie die Menschen in den Wellen der Versuchungen, und die *Beschaulichen* sucht sie durch Ermutigung zu fördern; über die *Bedrängten* hält sie ihre schützende Hand. Ferner ist sie die »*Blüte der Jungfräulichkeit*«, die *Hilfe zu einem geheiligten Leben*, die *Ermutigung aller, die den anderen dienen*... Sie ist die Hochbegnadete, und aus ihr strahlt alle Schönheit der Kirche. Super Luc.2,16 (B.22,216b). —
Also alles, was sich in den Menschen der Kirche in verschiedenen Ständen und Lebenslagen an Gutem findet, ist in Fülle in Maria vorhanden. Ihr sind die Herrlichkeiten der Gnade und der Tugend gesammelt und gesteigert geschenkt, die den je einzelnen Geheiligten in der Kirche verliehen sind, und für alle christliche Vollkommenheit

ist die Gottesmutter eine gewinnende Vorbildursache und eine dienende moralische Wirkursache durch Fürbitte.

Für Albert ist die Mutter des Herrn ein lebendiges Compendium der Kirche und aller Heiligung, und so ist sie hier der Sache nach, wenngleich ohne den Ausdruck, als Bild der Kirche *gezeichnet und zwar mit dem* Geheiligtsein *als viertem Vergleichspunkt. Nicht nur das, was die Kirche* vor Gott *ist (Nr. 181.182), nämlich die Glaubende, sondern ebenso das, was die Kirche* durch Gott *ist, die Geheiligte (Nr. 114—118), erscheint in Maria erfüllt und übererfüllt: Nicht nur die Haltung des Glaubens, auch die Herrlichkeit der Gnade.*

Neben den tiefen *Ähnlichkeiten* zwischen der Kirche und der Gottesmutter unterstreicht Albert auch ihre *Bedeutung* für das Leben der Kirche: Die Mutter Jesu als die Hauptquelle für das Kindheitsevangelium (Nr. 172—177); in Maria nahm der Glaube der Kirche seinen Anfang (Nr. 15), und in der Passion Jesu stand er auf ihren zwei Augen (Nr. 128—130); mit den Aposteln und den Frauen erflehte gerade sie (Apg 1,14) das entscheidende Pfingstereignis (Apg 2,1—13), und ihr Arbeiten und Dienen tat sie alles für den Aufbau der Kirche (Nr. 54.57); schließlich ihr heilsmächtiges Wirken aus der Ewigkeit in die Zeitlichkeit herein als die treueste Jüngerin Jesu (Nr. 38—69; Nr. 119—123) sowie als mütterliche Fürbitterin bei Jesus, ihrem Sohn und Gott (Nr. 143—171).

Albert legt also der Typologie Maria-Kirche auch einen heilswirksamen Zusammenhang bei, nämlich in dem Sinn, daß Maria eine Vorbildursache und eine dienende moralische Wirkursache für den Heilsempfang in der pilgernden Kirche ist. Der Kirche in der Vollendung ist Maria eine Theophanie, eine Gotteserscheinung durch das ungeschaffene Licht, das Gott selber in ihr ist. Kein Mensch ist so tief, wie Maria, mit der Person des Erlösers und mit der Kirche, seinem Werk verbunden.

Papst Johannes Paul II.: »*Das zweite Vatikanische Konzil stellt uns Maria in ihrer Gnadenfülle, ihrem unerschütterlichen Glaubenszeugnis, ihrer Mütterlichkeit und ihrer Sorge für das Heil der Menschen als Modell der Kirche vor. Was Maria persönlich in vollendeter Form darstellt, in ihrer einzigartigen Verbundenheit mit Christus und in der Gemeinschaft mit der apostolischen Urgemeinde, das ist auch die Kirche auf ihrem jahrhundertelangen Pilgerweg als mystischer Leib Christi in allen Breiten der Welt. Vor allem durch die Geburt Christi in den Herzen der Gläubigen und durch ihre eifrige Sorge um deren Wachstum im Glauben erweist die Kirche ihre marianischen Züge. Die Kirche ist wirklich Mutter, weil sie ihre Kinder zum Glauben gebiert und erzieht. Als Mutter braucht die Kirche heilige, gelehrige und betende Ausleger des Glaubens wie Don Bosco...*« (*L'Osservatore Romano*).

XIII. »Segensreiches Andenken«
(Sir 45,1)

188. Weish 9,5 (Salomos Gebet): »Gott der Väter und Herr des Erbarmens, ich bin ja dein Knecht, der Sohn deiner Magd.« Sind wir aber Knechte deines Sohnes, so sind wir auch Knechte der Mutter unseres Herrn, und daß sie zu uns kommt (wie zu Elisabeth: Lk 1,43), ist Ausdruck ihrer Demut, Milde und Güte.
Ehre ist Erweis der Ehrfurcht vor den Werten eines anderen. Maria aber ist jene Mutter, von der geschrieben steht (Sir 15,2): »Sie geht ihm entgegen wie eine hochgeehrte Mutter...« So werden wir also das Andenken unserer Herrin und Mutter alle Tage unseres Lebens in Ehren halten (vgl. Tob 4,3).
— Super Luc. 1,43 (B.22, 120b—121a). —
Der »Mutter unseres Herrn« müssen wir Ehrfurcht *erweisen. Die Menschheit steht in ihrer Schuld, denn »das Christusereignis geschah nicht ohne Maria« (Aloys Müller). — Vgl. Nr. 7. — Der Heiland und das Heil kam — nach Gottes ewigem Plan — nicht ohne Maria.*

189. Nach dem Leib, der mit Gott geeint ist (Christus), kann Gott nichts näher sein als Maria, aus der das Menschsein genommen ist, das mit Gott geeint worden ist. — Super I Sent. d.44 a.5 qla 3 arg.3 (B.26, 396b). —
Das ist stehender Ausdruck Alberts für die verehrungswürdige Größe Marias, nämlich dafür, daß sie als glau-

bende Magd des Herrn mit der Kraft des Heiligen Geistes dem göttlichen Erlöser Mutter sein durfte, und sie bleibt seine Mutter in alle Ewigkeit. Wenn wir also Maria verehren, verherrlichen wir Christus und Gott. Wir verehren Maria in Jesus und Jesus in Maria.

190. Als Elisabeth sprach: »Gebenedeit ist die Frucht deines Leibes« (Lk 1,42), war direkt der Segen gemeint, der dem Sohn Marias gilt, dann aber auch — von ihm aus — der Segen, der sich der Mutter mitteilte. — De nat.boni (Ed.col.t.25,1 p.66 v.70—72). —
»Gesegnet bist du mehr als alle anderen Frauen« (Lk 1,42). Was über Mose geschrieben steht (Sir 45,1), gilt noch mehr von der Mutter Jesu: »Geliebt von Gott und den Menschen: Maria, ihr Andenken sei zum Segen!«

191. Immer muß der Mensch die selige Jungfrau in Ehrfurcht verehren. — De nat.boni (p.97 v.57—59). —
Es gibt einen »Ordo caritatis«, eine Rangordnung der Liebe: Vor allen und über alles Gott lieben als das höchste Gut und den Höchstguten, dann jene lieben, die Gott am nächsten sind, nämlich die großen Liebenden, an ihrer Spitze die Mutter des Herrn, natürlich auch und besonders jene, die uns selber in Liebe nahestehen.

192. Die selige Jungfrau ist mit »Hyperdulia« zu verehren. Obgleich nämlich die Ehre der Mutter die Ehre des Königs ist, steht ihr dennoch nicht göttliche Ehre zu; ihr Sohn hatte ja für sein Gottsein, das er nicht von ihr hat, eine andere (die ewige) Zeu-

gung vom Vater. — Super III Sent.d.9 a.9 qla (B.28,182a). —

Auf Anbetung, die wir Gott und dem Gott-Menschen entgegenbringen, hat und erhebt Maria keinen Anspruch. Sie ist und bleibt Geschöpf, von dem Jesus das Menschsein empfangen hat. Das ist der Trennungsstrich nach oben: Keine Anbetung[83].

Aber sie ist die »Mutter des Königs« Christus, Gottesgebärerin, das ist der Trennungsstrich nach unten. Ihr steht — um Christi willen — ein überragender, allein ihr vorbehaltener Grad der Heiligenverehrung *zu, die »Hyperdulia«, der höchste Grad der einem Nur-Geschöpf zustehenden Verehrung, und diese fällt nicht unter* Gottesverehrung *und ist wesentlich von ihr verschieden.* Vgl. Alb., ebendort a.6 (B.28,175b—177a).

193. Marias fester Glaube leitete, die Jungfrau vorbereitend, ihre Zustimmung zur Empfängnis Christi durch Gott ein. De nat.boni (Ed.Col.t.25,1 p.91 v. 80—81). —

Die leibliche Mutterschaft Marias war von ihrer höherwertigen Glaubenshaltung getragen. Die Gnadenvolle war zugleich die Glaubensvolle — »plena fide« (p.62 v. 72—94) —, die Hörende, die Gottes Wort mit dem Herzen aufnahm und im Leben ausführte und in der Passion Jesu durchhielt (Nr. 38): »Vorbild für alle Gläubigen« (1 Thess 1,7).

Dieser große, nie-versagende Glaube Marias, wie auch ihre Demut — gerade diese beiden Haltungen hatte ja der Heilige Geist in ihr groß gemacht (Nr. 15. 17) — ihre Reinheit (Offb 14,4)[84], Verfügbarkeit und Hingabe, ihre

harmonische Verbindung von dienendem Wirken und hochgradiger Beschauung können und sollen für die Christen eine Herausforderung sein zu einer, wenn auch nur begrenzt möglichen Nachahmung Marias in der Nachfolge der Liebe Christi, damit die Marienverehrung echt und auch fruchtbar werde für die Marienverehrer selber und für die Gemeinschaft der Glaubenden, und so wird Marias »Andenken zum Segen« (siehe oben Nr. 190).
— Vgl. Nr. 41—51. 67. — Vgl. Nr. 163.

194. Alle Christusgläubigen sind Söhne und Töchter der glorreichen Jungfrau, weil alle mitbetroffen sind von dem Segen der »gebenedeiten Frucht ihres Leibes« und von dem Segen der »Gebenedeiten unter den Frauen«. — De nat.boni (p.99 v.79—81). —
Ihre eigene Erwählung, Begnadung und Segnung erstreckt sich — ausgehend von der Erlösung in Christus Jesus — überhaupt auf alle Menschen.

195. Mutter Gottes dem Leibe nach, unsere Mutter mit der zärtlichsten Mutterliebe (»visceribus pietatis«). — De nat.boni (p.83 v.71f). —
Ihre leibliche Mutterschaft am Erlöser setzt sich in geistgeschenkter Mütterlichkeit für die Erlösungsbedürftigen fort. Nr. 118.

196. Sie ist »wie ein leuchtender Stern« (Sir 50,6) und sendet wärmende Strahlen der Liebe und Güte aus zur Erneuerung aller vernunftbegabten Geschöpfe. De nat.boni (p.57 v.28—31). —
In Gott hat sie einen Überblick über die heutzutage aus den Fugen geratene Welt, und in der Kirche sieht sie den

schwindenden Glauben und die erkaltende Liebe, und so bittet sie den Herrn unablässig — für die Welt — um Rückkehr zu Gesetz und Ordnung, um Gerechtigkeit, Ausgleich, Freiheit und Frieden; für die Kirche erfleht sie Buße und Umkehr, Glauben, Hoffnung und Liebe, Gehorsam gegenüber Gottes Willen und gegenüber der Kirche, Ausdauer im Guten bis ans Ende: mit einem Wort: sie bittet den Herrn, daß er uns Menschen seinen Heiligen Geist sende; denn alles Gute ist Gabe des Heiligen Geistes (Nr. 21.48).
Es ist schon ein »Andenken zum Segen«, wenn wir es in Ehren halten.

197. Das Elend der Welt, von dem wir mehr als genug haben, trägt sie fürbittend zum Himmel, damit es gemildert oder abgewendet wird, und sie will uns verhelfen zu Gnade und Glück. De nat.boni (p.90 v.69—71). — Eine Zeit der Not der Kinder ist immer eine Zeit der Mutter. —
Was Albert hier sagt, ist eine zu jeder Zeit, auch gerade heute, aktuelle Botschaft bei den »miseriae praesentis vitae, quae abundant nobis«.

198. Es gibt überhaupt keinen Menschen, der in seiner Not noch nicht die Nähe der an Erbarmen so reichen Mutter erfahren hätte. — De nat.boni (p.51 v.74—78). — Vgl. Nr. 171.199.

199. Unter allen Menschen gibt es keinen einzigen, der das Wohltun jener Frau, die den Erlöser für alle bringen durfte, noch nicht verspürt hätte. — De nat.boni (p.90 v.52—54). — Vgl. Nr. 198.

Maria holt jeden Menschen dort ab, wo er in Not ist, und dabei läßt sie sich nicht abhalten durch »das, was ganz allein unser ist: die Sünde« — »quae tantum nostra sunt sicut peccata«. — De nat.boni (p.59 v.18). — *Der besinnlich gebetete Rosenkranz ist ein in vielfacher Hinsicht segensreiches Gebet. »Dieses Gebet ist ein Verweilen in der Lebenssphäre Marias, deren Inhalt Christus ist; so ist der Rosenkranz im tiefsten ein Christusgebet«* (Romano Guardini).

200. Allen, die sie um ihre Gunst anrufen, verhilft sie dazu, daß sie über ihren Sohn und über sie selbst rechtgläubig denken, heilsam reden und es auch wirklich tun. De nat.boni (p.53 v.55—58; p.93 v.86—92). — Vgl. Nr. 147.152.156.157.164.202.—
*Zur Marien*verehrung *und zur* Nachahmung Marias *gehört also auch die* Anrufung. *Wer richtig über Maria denkt, wer Gottes gnädiges Wirken an Maria und — durch sie — an uns bedenkt, der kommt sozusagen von selbst dahin, sie auch vertrauensvoll anzurufen, um nicht undankbar zu sein gegen Gottes unendliches Erbarmen. Richtig gesehen und gesagt hat es* Martin Luther[84a] *— vier Jahre nach dem Ausbruch der Reformation (1521): »Anrufen soll man sie, daß Gott durch ihren Willen gebe und tue, was wir bitten.« Eine heilsame Aufforderung an katholische wie evangelische Christen von heute.*

201. Er hat uns geboten, daß alle die Eltern ehren (Mt 19,19; Mk 7,10; Lk 1820), was Wunder, wenn auch er selber — ein Beispiel für alle eine so gute Mutter ehrt; und wenn sein Vater alle ehrt, die dem

Sohn dienen (Vgl. Joh 12,26), dann ist doch nichts Anstößiges dabei, wenn auch der Sohn jener Frau Ehre erweist, die ihm von der Wiege an so hingebungsvoll diente. De nat.boni (p.102 v.89—p.103 v.4). — Vgl. Nr. 155.

202. Durch ihre Fürbitte erfleht sie für alle, die ihren Namen anrufen, Licht und Kraft zum sittlich-guten und — kraft der Christusliebe — heilswirksamen Handeln. — De nat.boni (p.50 v.84ff.). —
Betend besorgt sie allen, die bei ihr Rat und Hilfe suchen, die Kraft zu christlicher Lebensgestaltung, die allein vor Gott zählt.
»Daher wenden sich besonders die Hirten der Kirche an sie als ihre Herrin, der vom Herrn, ihrem Sohn, nichts abgeschlagen wird« (Alb., Super Luc.). — Vgl. Nr. 168.
Was den Menschen rettet, das ist die Heilstat unseres Erlösers am Kreuz — »redemptio facta in cruce« — und in deren Kraft die Fürbitte der Mutter Jesu — »matris intercessio«. De nat.boni (p.59 v.21—23). — Was den Menschen rettet, ist »Adiutorium gratiae Christi« und »Suffragium[85] gloriosae Virginis« (Alb., Super Is.).

203. Die *Männer* preisen sie selig, weil durch sie der Segen der Erlösung zu ihnen kam, wie durch die erste Mutter (Eva) der Fluch[86]. Gen 3,12: »Die Frau, die du mir beigesellt hast, sie hat mir von dem verbotenen Baum gegeben, und so habe ich gegessen.« So soll der Mann jetzt sagen: Die Frau, die du mir als Herrin gegeben hast, brachte mir vom Baum des Lebens (zu essen) und nahm jenen ersten Fluch

von mir... Die *Frauen* preisen sie selig, weil sie durch Maria von der Schmach befreit wurden. Gen 30,13: (Als Leas Magd Silpa dem Jakob einen zweiten Sohn gebar) sagte Lea: »Mir zum Glück! Denn die Frauen werden mich beglückwünschen.«... Die *verheirateten Frauen* machen sich den Ruf der Elisabeth zu eigen: »Selig ist die, die geglaubt hat, daß sich das erfüllt, was der Herr ihr sagen ließ« (Lk 1,45). Denn alle Frauen waren ihre Töchter durch das Gnadenleben, in das Maria durch große *Mutterliebe* sie mithineingeboren hat, und aus ihrem *Mutterleib* hat sie den Erlöser zur Welt gebracht. — Super Luc.1,18 (B.22,129a/b). —

Das von den Stammeltern ausgegangene Unheil wurde in Heil verwandelt durch die Heilstat des Erlösers, den Maria der Welt bringen durfte, und durch das Vorbild ihres ganz gottgefälligen Lebens sowie durch ihre mütterliche — durch das Heilsverdienst aus gottgeschenkter Liebe gestützte — Fürbitte hilft sie den Menschen, daß sie durch die Erlösung in Jesus Christus aus »Gefäßen des Zornes« zu »Gefäßen des Erbarmens« werden (Röm 9,22—23). — Vgl. Nr. 170.

Das ist der Triumph des unendlichen Erbarmens Gottes, der unendlichen Liebe Christi, sowie das Motiv für das Lob Marias, die der Heilige Geist zur »edlen Wegbegleiterin des Erlösers« herangebildet hat (Papst Pius XII.), *so daß ihr Lob »ein Andenkem zum Segen ist«.*

204. Bei einem Rückblick läßt sich feststellen, daß Alberts Denken und Schreiben über Maria — wie der Befund erkennen läßt — sich eng und streng an

die in Bibel und Überlieferung niedergelegte und von der Kirche vorgelegte Offenbarung hält. Er gibt ein getreues Zeugnis vom Glaubensbewußtsein der Kirche seiner Zeit und bietet in einer Weise, die nüchtern und ergriffen zugleich ist, eine Theologie der Gottesmutter, die im guten Sinn modern genannt werden kann, was die Richtung, die Methode und großenteils auch den Inhalt betrifft. Seine »Mariologie« entspringt einem für die Hochscholastik bezeichnenden architektonischen Denken, das mit festen, tragfähigen, unveränderlichen Bausteinen und deren Proportionen rechnet, wogegen eine eher »dialektische« Mariologie, wie etwa im unechten »Marienlob« unter seinem Namen, mehr dem persönlichen Denken und Empfinden die Gestaltung und Prägung eines gefügigen, ja wehrlosen Stoffes überläßt. Hier möchte marianische Theologie und Frömmigkeit dem Glauben vorweglaufen, während sie bei Albert, wie er es fordert, sich »innerhalb der Grenzen des Glaubens« halten. Mögen auch in seinem Marienbild einige Linien nachzuziehen oder nachzutragen sein, es hatte und hat seinen gediegenen Wert und weist Albert als einen Großen in marianischer Theologie und an marianischer Frömmigkeit aus.

Anmerkungen

1 Albertus Magnus hat als erster einen Traktat über die Verkündigung in die Theologie, näherhin in die Christologie eingefügt, wie ewas später auch seine Schüler Ulrich von Straßburg und Thomas von Aquino. Damit bestimmte er der »Mariologie« einen Platz und einen bis heute unveränderten Umfang in den Gesamtdarstellungen der Theologie.
2 Vgl. weiter unten Nr. 63.77.
3 Lk 1,28: »Der Herr ist mit dir.«
4 Vgl. Nr. 7.
5 Vgl. M.-L. *Guerard des Lauriers,* L'Immaculee Conception, clé des privilèges de Marie, in: Revue Thomiste 56 (1956) 52.
6 Jes 7,14: »Darum wird euch der Herr selber von sich aus ein Zeichen geben: Seht, die Jungfrau wird ein Kind empfangen, sie wird einen Sohn gebären, und sie wird ihm den Namen Immanuel (Mit uns ist Gott) geben.« — Mt 1,22: »Das alles ist geschehen, damit sich erfüllt, was der Herr durch den Propheten gesagt hat: ›Seht, die Jungfrau wird ein Kind empfangen...‹.«
7 Alb., Super III Sent.d.3 a.8 ad 2 (B.28,51a).
8 Vgl. A. *Fries,* Des Albertus Magnus Lehre über die Heiligung der Jungfrau Maria: Spicilegium Hist.Congreg.Ss.Redemptoris 3 (1955) 221 ff.
9 Vgl. Nr. 22.
10 Vgl. Meßbuch für die Bistümer des deutschen Sprachgebietes, Teil II (1975) und Kleinausgabe (1984) 8. September.
11 Vgl. Nr. 26.
12 Vgl. A. *Fries,* Die Gedanken (s. S.I Anmerkung 1) 73 ff. — *Ders.,* Marienverehrung heute (Köln 1979) 27—31.
12a Dieses rein-begriffliche Nacheinander (natura prius) setzt Albert als einer der ersten für seine Lehre von der Gleichzeitigkeit der Erschaffung und Begnadung der Engel und der ersten Menschen ein, wodurch die paradiesische Urgerechtigkeit auf die Ebene des Übernatürlichen erhoben wurde. So ist es auch kein Widerspruch, daß Maria im Augenblick der (passiven) Zeugung zugleich Anteil am göttlichen Leben erhielt.
13 Super IV Sententiarum d.6 a.9 qla 2 ad 3 (B.29,137b/138a).
14 Vgl. oben Nr. 17.

[15] Vgl. Joh 3,34: »Denn er gibt den Geist unbegrenzt.«
[16] Vgl. Lk 1,28. — Oben Nr. 6.
[17] Vgl. *Papst Paul VI.*, Enzyklika »Marialis cultus« n.18.
[18] Lk 21,15: »Ich werde euch die Worte und die Weisheit eingeben...«.
[19] Lk 1,28: »Der Herr ist mit dir.«
[20] Nach antik-griechischer, seit Jahrhunderten überholter Vorstellung, die Albert übernimmt (von Aristoteles und Johannes von Damaskus, griechisch-christlicher Schriftsteller, + um 753), trägt die Frau zur Empfängnis, an der sie nicht wirkursächlich beteiligt ist, ihr Blut bei samt seinen Erbanlagen und hegenden Kräften.
[21] Alb.,Super IV Sent.d.28 a.6 ad 7 (B.30,196b).
[22] De natura et gratia c.36 n.42 (Pl 44,267).
[23] Schamhaftigkeit ist das Schutzgefühl gegen Selbstunterschreitung durch die Sünde.
[24] Summa theologiae III q.27 a.3 solutio; a.4 ad 1.
[25] *L. Brandl*, Die Sexualethik des heiligen Albertus Magnus (Regensburg 1955) 125.
[26] Im Vulgata-Text: »Generationem eius quis enarrabit?« — Die Stelle wird schon von Bischof Augustinus auf die Mutterschaft Marias angewandt: Sermo 196 c.1 n.1 (PL 38,1019) u. ö. — Vgl. aber Deutsche Einheitsübersetzung z. St.
[27] Vgl. Lauretanische Litanei.
[28] Dabei stellt sich die Erinnerung an jene Darstellung ein, die in der Kunstgeschichte später als »Maria von Ewigkeit zu Ewigkeit« bekannt ist: Eine Jungfrau, im Portal eines Tempels kniend, von Engeln und biblischen Sinnbildern umgeben. (Hinweis von *Alfred Stange*).
[29] Vgl. die folgende Nr. 98.
[30] Vgl. *A. Fries*. Die Gedanken..., 338.
[31] Wie Obst oder Medizin »gesund« genannt werden, weil sie der Gesundheit förderlich sind.
[32] Augustinus, Sermo 51, 11, 18 (PL 38,343).
[33] De fide orth.IV c.14 (PG 94,1161CD); Ed.Buytaert c.87 n.11 p.325. — Vgl. *C. Chevalier*. La mariologie de saint Jean Damascène (Rom 1936) 120.
[34] *Fries*, Die Gedanken..., 151f., 159f., 335f.
[35] *Fries*, Albertus Magnus Prosator, in: Albertus Magnus doctor universalis 1280/1980, hrsg. von *Gerbert Meyer* und *Albert Zimmermann* (Mainz 1980), 150—156.

36 Mt 1,18: »Noch *bevor* sie zusammengekommen waren, zeigte es sich, daß sie ein Kind erwartete durch das Wirken des Heiligen Geistes.« — Mt 1,25: »Er erkannte sie aber nicht, *bis* sie ihren Sohn gebar.«

37 Statt »deinen Bruder« hat die Vulgata »deinen Freund«, ebenso die Fischer-Vulgata; die deutsche Einheitsübersetzung bringt »den Nächsten«, ebenso die Nova Vulgata. Die Stelle Lev 19,18 hat als ersten Sinn »den Volksgenossen«: Theologisches Handwörterbuch zum Alten Testament, Band II, hrsg. von *Ernst Jenni* unter Mitarbeit von *Claus Westermann* (München 1976) Sp.788. — (Information meines Mitbruders und Kollegen *F. C. Heinemann*).

38 Mit diesem von Anselm von Canterbury übernommenen Gedankenspiel soll freilich nichts bewiesen werden, sondern nur aus der Heilsgeschichte die Zeugung Jesu in der Jungfrau Maria irgendwie nahegelegt werden.

39 »Selig die Frau, deren Leib dich getragen und deren Brust dich genährt hat« (Vers 27).

40 »Selig sind aber auch jene, die Gottes Wort hören und tun« (Vers 28).

41 Vgl. *René Laurentin,* Court traité de théologie mariale (Paris 1954), 77.

42 Vgl. Anselm von Canterbury, De conceptu virginali c.18 (PL 158,451AB; ed.Schmitt II, p.159 v.17). — Hier wie an anderen Stellen verbessert Albert das »unter Gott« (»sub Deo«), das bei Anselm steht, durch »unter Christus« (»sub Christo«).

43 Pfarr- und Volkspredigt (Mariä Verkündigung), übers. von *Benediktinern von Weingarten,* Gesamtausgabe 2. Band (Stuttgart o. J.) 151.

44 Alb.,Super III Sent.d.4 a.8 solutio (B.28,88a).

45 Hinzu kommt noch eine vierte Möglichkeit, die in der Ordnung der Wirkursache des Wollens liegt: »in causa efficiente volendi« oder »motivum effectivum«. Super I Sent.d.48 a.2 solutio (B.26,474b): Gott will als Schöpfer der menschlichen Natur, daß ich etwas will. — Darüber mehr etwas weiter unten.

46 In der menschlichen Psychologie ist die Vernunft die oberste Instanz, der das Ordnen der Strebungen zusteht, und das naturhafte Wollen, solange es naturhaft bleibt (»voluntas naturae«) und nicht sündhaft wird (»voluntas vitii«), baut kei-

nen Gegensatz zum überlegten Wollen auf. — Alb., Super I Sent.d.48 a.3 ad 2 (B.26,476b).
47 In Joh.evang.tr.119,1 (Pl 35,1950).
48 Vgl. Vulg.1 Kor 15,49, Text ohne »Adam«. »Wie wir nach dem Bild des Irdischen gestaltet wurden...« (Einheitsübersetzung).
49 Auch der Dominikaner Hugo von Saint-Cher und der Franziskaner Bonaventura versehen den Glauben Marias in der Passion Jesu mit der ekklesiologischen Note. Vgl. *Fries*, Die Gedanken..., 200.
50 Vgl. die nächste Nr. 132.
51 Mt 16,21—23.
52 Mt 17,1—9.
53 Vgl. Alb., De resurr. (Ed.Col.t.26 p.265 v.61—62).
54 Vgl. die nächstfolgende Nr. 134.
55 Ein Billigkeits- oder Freundschaftsverdienst ist dann gegeben, wenn ein ernsthaft lebender Christ Sühne leistet, Opfer bringt, Fürbitte einlegt und sie Gott darbietet zugunsten eines Mitchristen und so für diesen durch Gottes Güte die Gnade der Umkehr erwirkt, so daß die Heilskraft der »Passio Christi« ihm zuteil wird und er deren Segen in Glauben und Liebe erfährt.
56 Vgl. Eph 5,25—27: »... wie Christus die Kirche geliebt und sich für sie hingegeben hat, um sie im Wasser durch das Wort rein und heilig zu machen...«.
57 Vgl. *Fries*, Marienkult bei Albertus Magnus: Acta Congr. Romae anno 1975 celebrati, Vol.IV: De cultu Mariano apud Scriptores ecclesiasticos saec. XII—XIII (Romae 1980) 606—608.
58 Siehe folgende Nr. 149.
59 Vgl. *H. Asmussen*, Maria (siehe Nr. 91) 43: »Die Eigenart seines Mittlertums bringt es mit sich, daß nicht nur Er am Menschlichen teilnimmt, sondern daß auch wir an dem Seinen teilnehmen.«
60 Vgl. *M.-M. Desmarais*, S. Albert le Grand, docteur de la médiation mariale (Paris-Ottawa 1935) 22f.
61 De natura boni, mit dem umfangreichsten mariologischen Fragment, ist im »Index rerum et vocabulorum« (Ed.Col.t.25,1 p.141: »virgo beata«) nur einmal »mediatrix« aufgeführt.
62 Siehe Nr. 161.
63 Vgl. auch Nr. 162.
64 Vgl. *Fries*, Die Gedanken..., 228.

[65] Alb., Super Luc.1,45 (B.22,121b).
[66] Vgl. *Ch. Journet.* Les privilèges secondaires de l'Eglise glorieuse, in: Angelicum 14 (1937) 114—125. — *N. Wicki,* Die Lehre von der himmlischen Seligkeit in der mittelalterlichen Scholastik von Petrus Lombardus bis Thomas von Aquin: Studia Friburgensia Neue Folge 9 (Freiburg/Schweiz 1954) 298—318.
[67] »Martyrium« ist, wie schon von Ambrosius, Hieronymus, Ephräm und anderen, in einem tieferen, umfassenden Sinn genommen.
[68] Vgl. z. B. Phil 4,1, wo Paulus die Christen anredet: »meine Freude und mein Ehrenkranz«.
[69] Alb., Super Is. 28,6 (Ed.Col.t.19 p.308 v.33—37).
[70] Vgl. Ostersequenz »Victimae paschali laudes«.
[71] Alb., Q.disp.de aureola (Cod.Vat.lat.781 f.22rb), Ed.-Ms.
[72] Super Luc.1,13 (B.22,26b), unter Berufung auf Hieronymus.
[73] Alb., Super Luc.12,42 (B.23,262a).
[74] Vgl. *A. Fries,* Des Albertus Magnus Gedanken über Maria-Kirche: Acta Congress. in civitate Lourdes anno 1958 celebrati, Volumen III (Rom 1959) 325—328.
[75] Thomas, In III Sent.d.16 q.2 a.1 ad 1.
[76] Alb., De nat.boni (Ed.Col.t.25,1 p.91 v.6—9).
[77] Eph 5,27 wird auch zitiert Super Matth.11,3 (Ed.Col.t.21,1 p.347 v.40—42).
[78] Alb., Super Luc. 12,35 (B.23,249b; zusammen mit Alb., Super Matth.11,3) (siehe Anmerkung 77).
[79] Vgl. *S. Tromp,* Ecclesia sponsa virgo mater, in: Gregorianum 18 (1937) 3—29.
[80] Vgl. *H. Barré,* Marie et l'Eglise. Du Vénérable Bèdè à Saint Albert le Grand, in: Bulletin de la Société Française d'Etudes Mariales 9 (1951) (Paris 1952) 71.
[81] Die Stelle Offb 12,1ff. wird von Albert auch auf die Kirche gedeutet Super Is.66,7 (Ed.Col.t.19 p.624 v.59): »Das bezieht sich auf die Kirche, die im Gebet ruft und in Leiden gequält wird.«
[82] Super III Sent. d.4 a.6 qla 2 (B.28,87).
[83] Im Text steht: »Beata virgo hyperdulia est *adoranda*«. Dieses Wort »adoranda« hat hier jedoch, wie dem Text selber und dem Zusammenhang des Artikels zu entnehmen ist, nicht dieselbe Bedeutung wie unser Wort »anbeten«, es bedeutet vielmehr, wie im klassischen Latein, einfach »verehren«.

[84] Offb 14,4: »... denn sie sind jungfräulich, sie folgen dem Lamm, wohin es geht.«
[84a] W. Tappolet, Das Marienlob der Reformatoren (Tübingen 1962) 117.
[85] Vgl. Nr. 156.162.
[86] Vgl. Nr. 95.